SCHWARZE PERLEN

DEN MUTIGEN GEHÖRT DIE WELT

UTE „FAIRY" LANGJAHR

AF286672

UTE „FAIRY" LANGJAHR,
GEBOREN 1969 IN LICHTENSTEIN/ ERZGEBIRGE,
ARBEITETE IM PÄDAGOGISCH- KULTURELLEN BEREICH,
VERBRACHTE LÄNGERE ZEIT IN ENGLAND,
LEBT MIT IHREN BEIDEN KINDERN UND IHREM
LEBENSGEFÄHRTEN IN CHEMNITZ/ SACHSEN.

SEIT 2004 IST SIE FREIBERUFLICHE MUSIKERIN
UND SPIELT UNTER DEM NAMEN "FAIRYDUST"
JÄHRLICH WEIT ÜBER 100 KONZERTE.
DIESES BUCH IST EINE SAMMLUNG VON LIEDERN,
GEDICHTEN, GEDANKEN EINER FRAU, DIE ALS
SOLISTIN MIT GITARRE UND GESANG IHR LEBEN
BESTREITET, SICH UNTERS VOLK MISCHT,
GENAU HINSIEHT.

DEUTLICH WIRD DIE SCHWIERIGE SITUATION VON
FRAUEN, MÜTTERN, KÜNSTLERINNEN IN EINER VON
FINANZIELLEN NÖTEN UND EXISTENZANGST
GEPRÄGTEN ZEIT.

UND DOCH: DEN MUTIGEN GEHÖRT DIE WELT,
UND HUMOR IST, WENN MAN TROTZDEM LACHT.

UTE „FAIRY" LANGJAHR

SCHWARZE PERLEN

DEN MUTIGEN GEHÖRT DIE WELT

HERSTELLUNG UND VERLAG:
BOD – BOOKS ON DEMAND, NORDERSTEDT
ISBN 978-3-8482-2844-7

ORIGINALAUSGABE 2013
© UTE „FAIRY" LANGJAHR
FOTOS: THOMAS BOCK
ILLUSTRATIONEN: UTE „FAIRY" LANGJAHR
WWW.FAIRYDUST.DE

MEINEN FREUNDEN

OHNE MUSIK KANN ICH NICHT LEBEN.
ÄHNLICH GEHT ES MIR
MIT DEM SCHREIBEN UND DEM ZEICHNEN.
SO IST ES LÄNGST AN DER ZEIT,
MEINE GEDANKEN IN MELODIEN ZU FASSEN,
EUCH EINEN KONZERTABEND
MIT EIGENEN LIEDERN ZU SCHAFFEN.
DIESES BUCH SOLL DER ANFANG SEIN.

ICH HOFFE, IHR LIEBT MEINE SCHWARZEN PERLEN-
AUCH SIE SIND AUS FEENSCHIMMER GEMACHT.

EURE FAIRY

CHEMNITZ, IM JANUAR 2013

SCHWARZE PERLEN

VERLUSTANGST WIRFT MISSTRAUN
SCHREIENDE STEINERNE SCHATTEN
IN DIE GROTTE DER TRÄUMENDEN TRÄNEN
WELLEN ZIRKEL DER ANGST
ZERSCHELLEN AM UFER DER LIEBE
ZERBERSTEN ZU SCHWARZEN PERLEN
FÜLLEN DAS GEFÄSS DIESES WERDENS

ZUVIEL HELLER SCHEIN MACHT BLIND
ICH LIEBE AUCH DEN MATTEN SCHIMMER
SCHWARZER PERLEN

KUSSBISS

GEHTREIBICH STEHSCHREIBICH MANN
FRAU MANN FRAU BERÜHREN KANN?
LUST LEBEN KUSS GEBEN MANN
FRAU MANN FRAU ERREICHEN KANN?
AUGEN MUND ZUNGE SCHLUND MANN
FRAU MANN FRAU VERSCHLINGEN KANN?

VERÄNDERT VERDREHT
FLIMMERN STET
DU UND DEIN BRUDER
UND ICH DUMMES LUDER
UND DAS FEUER
UND DAS KUSSBISSUNGEHEUER

2

SHE

(2000)

SHE ALWAYS HAS WILD DREAMS
AND SHE KNOWS THEY WILL COME TRUE
IF SHE JUST BELIEVES IN THEM
AND SHE CARRIES ON PAINTING
HER LIFE WITH HER COLORS
SO THEY WILL COME TO LIFE

SHE ALWAYS DOES STRANGE THINGS
NOT CARING AT ALL `BOUT
IF SHE IS CALLED CRAZY
AND FORCED TO BELIEVE IT
PERSUADED TO GIVE UP
SHE JUST CARRIES ON

**ALWAYS FIND YOUR WAY
IT'S GONE BE A HARD WAY
BUT YOU'LL TAKE IT EASY
ONCE YOU'VE REALIZED
YOU'RE GONE FIND YOURSELF**

SHE ALWAYS FINDS BORDERS
SHE ALWAYS WALKS `ROUND THEM
SHE ALWAYS MAKES MISTAKES
SHE ALWAYS LEARNS FROM THEM
SHE NEVER STOPS GOING
SHE SOMETIMES GET'S HURT

SHE SELDOM IS LAUGHING
SHE ALWAYS KEEPS SMILING
SHE ALWAYS FIGHTS HATING
AND SHE OFTEN IS CRYING
SHE NEVER STOPS TRYING
SHE JUST GET'S IT OUT
JUST GET IT OUT
WHAT IS GIVEN TO YOU

ALWAYS FIND YOUR WAY
IT'S GONE BE A HARD WAY
BUT YOU'LL TAKE IT EASY
ONCE YOU'VE REALIZED -

ALWAYS FIND YOUR WAY
IT'S GONE BE A HARD WAY
BUT YOU'LL TAKE IT EASY
ONCE YOU'VE REALIZED
THAT YOU'RE GONE FIND YOURSELF

DEN MUTIGEN GEHÖRT DIE WELT

LIEBE IST ZERBRECHLICH
UND WILL NUR SELTEN GLÜCKEN
WEBT UNERMESSLICH ZÄRTLICH
VERLOCKEND SCHWEBENDE BRÜCKEN
ÜBER DAS TAL DER TRÄNEN
DIE SICH NICHT TROCKNEN LIESSEN
IM HOFFEN FLEHEN SEHNEN
„LASST FÜRDER KEINE FLIESSEN!"

**DEN MUTIGEN GEHÖRT DIE WELT
DRUM LIEB ICH EINMAL MEHR
FÜHR MEINE SEELE STOLZ INS FELD
ZEIG SIE ERGEBEN HER
DEN MUTIGEN GEHÖRT DIE WELT
UND GLÜHTEN NEUE WUNDEN
KOST ES DIE WELT, ICH KOST SIE AUS
NUN DA ICH DICH GEFUNDEN**

LIEBE MACHT VERWUNDBAR
WUNDEN HEILEN SCHWER
WAS HELL GUT FROH UND BUNT WAR
WIRKT DUNKEL ÖD UND LEER
DU MISCHST MIT DEINEN FARBEN
DIE MEINEN, STREICHELST ZEICHEN
AUF MEINE HEISSEN NARBEN
DASS ANGST UND FREMDHEIT WEICHEN

**NUR MUT ZU FROHMUT ÜBERMUT
IHR SCHADET EUCH MITNICHTEN
TUT SELTEN? NEIN! TUT IMMER GUT!
LASST STERNSTUNDEN BERICHTEN:
SINNLICHKEIT SEI LEBENSSINN
VERGEBEN SEI GEGEBEN
NICHTS IST VERGEBENS, GIB DICH HIN
HAB ACHT UND ACHT DAS LEBEN**

TRÄGST MIR MIT LEUCHTENDEN AUGEN
STERNE IN NACHTDUNKELHEITEN
TILGST MIT STRAHLENDEM LÄCHELN
FINSTER-VERGANGENE ZEITEN
DU SCHEINST DER SINN DER SUCHE
HAST MICH ZUTIEFST BERÜHRT
SO DANK ICH ALL DEN TRÄNEN
DIE MICH ZU DIR GEFÜHRT

KOST ES DIE WELT, ICH KOST SIE AUS
UND GEB MICH PREIS UM JEDEN
KOST ES DIE WELT! WAS KOST DIE WELT?!
ICH PREIS' DAS WILDE LEBEN!
DEN MUTIGEN GEHÖRT DIE WELT
UND BRÄCHT ES NEUE QUAL
BEIM ZAHLEN ERST WIRD NACHGEZÄHLT
WAS ZÄHLT IST MEINE WAHL!

SCHWARZE KATZE STILLER MOND

SCHWARZE KATZE. STILLER MOND
HÄNGT AM FIRMAMENT
WENN SIE SICH IHR ABENDBROT
IN DEN FELDERN FÄNGT

SCHWARZE KATZE UNHEIL DROHT
MACHST DU DICH ANS MAUSEN
MAUS' NICHT WURST VOM BUTTERBROT
LASS DAS MAUSEN SAUSEN

SCHWARZE KATZE SAMETPFOT
SUCHE KEINEN STREIT
MANCHER KATER IST VERROHT
ZUM ÄUSSERSTEN BEREIT

SCHWARZE KATZE BLUT SO ROT
RINNT AUS DEINEN RISSEN
TATZEN KRATZEN IN DER NOT
RASCH IST RAU GEBISSEN

SCHWARZE KATZE FRIEDE IST
WAS DU WÜNSCHST IM WESEN
WISSE WO DU WOHLIG BIST
WENN DU WIRST GENESEN

ROLL DICH IN DER SONNE EIN
LASS DIE KATER KATER SEIN
SCHWANZESSPITZ AUF NASENBEIN

GRANATIERT

ICH PFLOG AUS DEM PETTE
UND
PRACH MIR DAS
HERZ
ZEITHER
WAR
DAS HERZE VOLL SCHMERZ

ICH LEGTE ES
VOLLEN LIPPEN
ZU FÜSSEN
DIE WOLLTEN MICH
NICHT EINMAL KÜSSEN

LIESS DAS HERZ
DEM SCHMERZ ZUM FRASS

WOHLTE DANN EIN NEUES
HERZ
WÄHLTE DIESEN
ZÜGELSTEIN

ECHTES HERZ KANN
WOLLFÜHLWEICHER
GRANATIERT
VIEL SCHWERER
STEIN

CHLOCHARDS

GIESS DEN ERSTEN SCHLUCK, MADELEINE
IN DEN KALTEN SAND
LASS UNS ZUM WARMEN BAHNHOF GEHN
GIB MIR DEINE HAND

JEAN UND PAUL SIND LÄNGST SCHON FORT
SEIT JENER WINTERNACHT
WIR SCHLIEFEN IN DEM TORWEG DORT
UND PAUL HAT NOCH GELACHT

NIMM NOCH EINEN SCHLUCK, MADELEINE
DIE NÄCHTE WERDEN KALT
TRINK NOCH EINEN SCHLUCK, MADELEINE
WIR BEIDE WERDEN ALT

GIB MIR EINEN SCHLUCK, MADELEINE
VON DEM ROTEN WEIN
GIB MIR EINEN KUSS, MADELEINE
MIR WIRD GLEICH WÄRMER SEIN

JEAN UND PAUL SIND LÄNGST SCHON FORT
SEIT JENER WINTERNACHT
WIR SCHLIEFEN IN DEM TORWEG DORT
UND PAUL HAT NOCH GELACHT

GIB MIR EINEN SCHLUCK, MADELEINE
VON DEM ROTEN WEIN
GIB MIR EINEN KUSS, MADELEINE
MIR WIRD GLEICH WÄRMER SEIN

NIMM NOCH EINEN SCHLUCK, MADELEINE
DER HERBST HAT ANGEFANGEN
TRINK NOCH EINEN SCHLUCK, MADELEINE
AUF DIE, DIE EINST GEGANGEN

JEAN UND PAUL SIND LÄNGST SCHON FORT
SEIT JENER WINTERNACHT
WIR SCHLIEFEN IN DEM TORWEG DORT
UND PAUL HAT NOCH GELACHT
ÜBER DEN REIF IN DEINEM HAAR
DER DAMALS VON DER KÄLTE WAR
AM MORGEN DANN SIND JEAN UND PAUL
NICHT MEHR AUFGEWACHT

UND GIESS DEN LETZTEN SCHLUCK, MADELEINE
IN DEN KALTEN SAND

DAS FENSTER – AUGE IM STRUDEL DER ZEIT

ES WAR VOR LANGER ZEIT
ER LIESS SIE ZURÜCK
SIE LEBTE ALLEIN IN DEM HAUS AM BACH
UND DER SCHMERZ BLIEB IHR TREU
AM FENSTER
TÄGLICH AUFS NEU
VOLLER PEIN
BIS ZUM ENDE

--- ---

ICH BIN DEIN ZAUBER
EIN MOHNBLAUES LEUCHTEN
UMSCHLIESST MEIN VERWUNSCHENES SEIN
ICH BIN EIN HALBES ICH
KOMM UND ERLÖSE MICH
EINS KANN ICH GANZ MIT DIR SEIN

EFEU-UMSCHLUNGEN
VERLASSEN, VERWUNSCHEN
RINGS MOOS UND FARN UND KRAUT
BRÜCHIG UMMAUERT
HAB ICH ÜBERDAUERT
AUF DASS MAN MICH
UND DURCH MICH SCHAUT

DAS SALZ IHRER TRÄNEN
TRUG GNÄDIG EIN REGEN
ZUM AUGE IM STRUDEL DER ZEIT
EIN MAGISCHES BAND
LEGTE SICH AUF DAS LAND
EWIGKEIT TRUG ICH NUN
WIE IHR LEID

VERZEHRENDER KUMMER
VERBANNTE DAS LÄCHELN
VOM HOLDESTEN ANGESICHT
SIE BLICKTE DAS SCHÖNE HINAUS
ZUR LINDE VOR DEM HAUS
DIE SCHWERMUT
VERLIESS SIE NICHT

JAHR UND TAG SIE UND ICH
DRAUSSEN FORMTE DER BAUM
IHR TANZENDES ICH, IHREN LEIB
ALS SIE STARB, BLIEB SIE DORT
IN DEM BAUM, AN DEM ORT
ALS LACHENDES
FRÖHLICHES WEIB

TAUTRÄNEN SCHIMMERN DIR
PERLEND SCHMILZT NEBEL
MOHNBLAU IM MORGENLICHT
BIST DU HALB, LÖS DEN BANN
BLICK DURCH MICH, ENDLICH DANN
SIND WIR FREI UND DAS GLAS BRICHT

ICH BIN DEIN ZAUBER
EIN MONHNBLAUES LEUCHTEN
UMSCHLIESST MEIN VERWUNSCHENES SEIN
ICH BIN EIN HALBES ICH
KOMM UND ERLÖSE MICH
EINS KANN ICH GANZ MIT DIR SEIN

ICH BIN DEIN ZAUBER
EIN MONHNBLAUES LEUCHTEN
UMSCHLIESST MEIN VERWUNSCHENES SEIN
ICH BIN EIN HALBES ICH
<u>BRICH DAS GLAS, LEBE MICH</u>
EINS KANN ICH GANZ MIT DIR SEIN

ENGELMACHER

JUNG WAR ICH UND GING ZUM TANZ
DA TRAF ICH HANS, DER TANZT SO FEIN
TANZ MIT MIR DEN WALZ, MEIN HANS
WILL DEINE BALZGEFÄHRTIN SEIN

EIN ENGEL SAH UNS LÄCHELND ZU
BLAUER BLICK, BRAUNLOCKNES HAAR
AUS MONDESLICHT UND WIESENRUH
WARD ER GEBORN. WIE JUNG ICH WAR

ZU JUNG WAR ICH, DER HANS ZOG FORT
KEIN HEIM, KEIN HAUS FAND ICH FÜR DICH
KEIN SICHERER, KEIN WARMER ORT
FÜR DICH, MEIN KIND, DER HANS ZOG FORT

ES IST NUR EIN BÖSER TRAUM
MEINE ENGEL, WIR GEHN HEIM
ES IST NUR EIN BÖSER TRAUM
MEINE ENGEL, WIR GEHN HEIM

WIE NACHTIGALLN IN LAUER NACHT
FRÖHN ICH DOCH MEINER SANGESLUST
DER SPIELMANN GAB MIR HERZ UND HAND
UND HAT VON TREUE NICHTS GEWUSST

ES LAUSCHTE UNS EIN ENGELEIN
BLICKT FROH AUS DUNKLEM AUGENSTERN
AUF LAGERSTATT UND FEUERSCHEIN
DIE NACHTIGALL SANG UNS VON FERN

ALLEIN BLIEB ICH, DER SPIELMANN FLOH
ZWEI GULDEN LIESS ER MIR ALS PREIS
DIE LIEB IM HERZEN, DRUNTER DU
DIE NACHTIGALL WARD STUMM UND LEIS

ES IST NUR EIN BÖSER TRAUM
MEINE ENGEL, WIR GEHN HEIM
ES IST NUR EIN BÖSER TRAUM
MEINE ENGEL, WIR GEHN HEIM

MEIN RUF WARD SCHMUTZIG WIE MEIN KLEID
DAS ICH NUN TRAG AUF MEINER FLUCHT
DER FUHRMANN TRÖSTET MICH IM LEID
ICH HÄTTE JE NUR IHN GESUCHT

DIE KALTEN TRÄNEN KÜSST ER AB
VON MEINER WANGE HOHL UND HEISS
EIN ENGEL SCHLUCHZT AM WIESENRAIN
UND BLEIBT, OBGLEICH ER BÖSES WEISS

DICH LETZTEN ENGEL SEND ICH NICHT
ZURÜCK INS GLÜCK DAS DU GESANDT
DAS GLÜCK LAG NIE IN MEINER HAND
DU BLEIBST BEI MIR AM WEGESRAND

MONDLICHT ÜBER WIESENRUH
LIEBESLIED IM FEUERSCHEIN
EINE LETZTE WINTERNACHT
MEINE ENGEL, WIR GEHN HEIM
ES IST NUR EIN BÖSER TRAUM
MEINE ENGEL, WIR GEHN HEIM
ES IST NUR EIN BÖSER TRAUM
MEINE ENGEL, WIR GEHN HEIM

MORGENSTERN

KLEINER STERN AM MORGEN
UNTERM FRÜHSTÜCKSTISCH
LAG AM BODEN, SCHIMMERTE IM WINTERLICHT
NACH DER NACHT, ICH HOB IHN SACHTE
AUF DIE FINGERSPITZEN, UND ICH LACHTE

ZWISCHEN BRÖTCHEN BUTTER BUNA- LEBERWURST
SCHIMMERTE ER FROH UND HAT VON NICHTS GEWUSST
KÜHLES LAKEN NICHT AUF HEISSEM LEIB
SCHEUER KÜSSE ATEMLOSE ZÄRTLICHKEIT

HAB IHN MIR BEHUTSAM AUFGEHOBEN
IN DIE LADE 'SCHÖNE ZEIT' GESCHOBEN
EIN GEFASSTES SCHÖN GESCHENKTER STUNDEN
UNTER GUTEM STERN. ER IST GEFUNDEN

KLEINER STERN AM MORGEN
UNTERM FRÜHSTÜCKSTISCH
LAG AM BODEN, SCHIMMERTE IM WINTERLICHT
NACH DER NACHT, ICH HOB IHN SACHTE
AUF DIE FINGERSPITZEN, UND ICH LACHTE

ENDGÜLTIG BLEIB

ICH KÜSSE DEINE WELKEN LIPPEN
FASS DEINEN ZARTEN SCHMALEN LEIB
DER MEHR AM GEHN IST ALS AM KOMMEN
DU KOMMST SO SANFT
ENDGÜLTIG
BLEIB

ICH SPÜRE DEINE FEINEN HÄNDE
FÜHL MEINE KRAFT DIE DICH BEDRÄNGT
DIE DICH ENTFACHT TROTZ MÜDER GLIEDER

ICH DENK DARAN WIE DU DANACH
FAST WIE EIN KIND AN MEINER BRUST
BEHÜTET SCHLIEFST IN MEINEN ARMEN

ICH DENKE AN DEN ERSTEN MORGEN
ICH DENKE AN DEIN KOSEWORT
ICH WILL DAS ALLES WIEDER HABEN

ICH KÜSSE DEINE WELKEN LIPPEN
FASS DEINEN ZARTEN SCHMALEN LEIB
DER MEHR AM GEHN IST ALS AM KOMMEN
DU KOMMST SO SANFT
ENDGÜLTIG
BLEIB

WIEDERMAL

WIEDERMAL BEIM WEIN
WIEDERMAL AM WEINEN
WIEDERMAL BEIM SCHREIBEN
WIEDERMAL AM LEIDEN

WIEDERMAL DIE ANGST
DER NOCH VERSCHLOSSNE BRIEF
LIEGT MIT FAMILIE DA
WEIL ICH DES NACHTS NIE SCHLIEF

WEIL ICH DES NACHTS NICHT SCHLIEF
UND AUF DEN BÜHNEN SANG
DES NACHTS BEIM TEXTEN SASS
TAGS KEINE BRIEFE LAS
WIRD MIR NUN WIEDER BANG

WAS HAB ICH NICHT BEZAHLT
WELCHE FRIST IST ÜBERSCHRITTEN
WELCHE MAHNGEBÜHR LÄUFT AUF
WO MUSS ICH UM RATEN BITTEN

WANN SOLL ICH MIT DEN SAITEN SPIELEN
UM MEINE TÖNE ZU ERFINDEN
WANN IN MEINEM DENKEN WÜHLEN
UND DIE SEITEN SCHINDEN
WANN SOLL ICH FREI SEIN UND ENTFLIEHN
DIE WELT IN WORTE BANNEN
WIE VIELE SEITEN SCHON
DIE MEINER ZEIT ENTRANNEN

WIEDERMAL BEIM WEIN
WIEDERMAL AM WEINEN
WIEDERMAL BEIM SCHREIBEN
WIEDERMAL AM LEIDEN

WIEDERMAL DIE ANGST
DER NOCH VERSCHLOSSNE BRIEF
LIEGT MIT FAMILIE DA
WEIL ICH DES NACHTS NIE SCHLIEF

EISBLUMEN (ICE BLUE MAN)

TRÄUME VERGANGENER SOMMER
ICH HAB SIE VERWAHRT UND BEWACHT
IN EISBLAUER STILLE GELÄUTERT
PALÄSTE IM NIRGEND GEMACHT
DIR LABYRINTHE ERSONNEN
MIT GÄNGEN AUS SPIEGELNDEM EIS
WO DAS WAS DIR IST LÄNGST NICHT WAHR IST
WO ICH DICH IN EWIGKEIT WEISS

ICH HAB DEINEN DÜSTEREN SCHATTEN
AUF SPITZE AUS SEHNSUCHT GEWOBEN
KALT LÄCHELND GEHAUCHT ÜBERS LAND
FEINE SCHLEIER STARRENDER DORNEN
ZERSPRÜHEN ZU GLITZERNDEM STAUB
VERBLASSEN ZU STARREN KRISTALLEN
GEBORSTEN ZERSPLITTERTER NACHT

TRÄUME VERGANGENER SOMMER
ICH HAB SIE VERWAHRT UND BEWACHT
IN EISBLAUER STILLE GELÄUTERT
PALÄSTE IM NIRGEND GEMACHT
DIR LABYRINTHE ERSONNEN
MIT GÄNGEN AUS SPIEGELNDEM EIS
WO DAS WAS DIR IST LÄNGST NICHT WAHR IST
WO ICH DICH IN EWIGKEIT WEISS

FROST GREIFT IN DEIN SCHWEIGEN
DEINE RUFE VERHALLEN IM NICHTS
KONTUREN VERSCHWIMMEN
ZU MONDSCHWEREN TRÄNEN
GLÄSERNER TAU BANNT DEIN LEBEN
ERFROREN DAS ABBILD
DEINER NOCH SCHWELENDEN FEUER

TRÄUME VERGANGENER SOMMER
ICH HAB SIE VERWAHRT UND BEWACHT
IN EISBLAUER STILLE GELÄUTERT
PALÄSTE IM NIRGEND GEMACHT
DIR LABYRINTHE ERSONNEN
MIT GÄNGEN AUS SPIEGELNDEM EIS
WO DAS WAS DIR IST LÄNGST NICHT WAHR IST
WO ICH DICH IN EWIGKEIT WEISS

DIE TRÄNEN AM HAUS DEINER SEELE
GERINNEN ZU GLÄSERNEN DOLCHEN
FALLN DIR INS HERZ
DIAMANTEN DEINES GRAUENS
MEISSELN DEINE DÄMONEN
UNENDLICH UM DICH
IM SPIEGELNDEN EIS

TRÄUME VERGANGENER SOMMER
ICH HAB SIE VERWAHRT UND BEWACHT
IN EISBLAUER STILLE GELÄUTERT
PALÄSTE IM NIRGEND GEMACHT
DIR LABYRINTHE ERSONNEN
MIT GÄNGEN AUS SPIEGELNDEM EIS
WO DAS WAS DIR IST LÄNGST NICHT WAHR IST
WO ICH DICH IN EWIGKEIT WEISS

BERLIN

BERLIN, DU ALTE HURE
BIN DIR BEGEGNET IN DER GRÜNEN AUE
DU FÜHRTEST MICH ZUR KLAREN QUELLE

ALLES HAT PATINA
DAS ALTE TELEFON KLINGELT NOCH
UND WENN DIE TÜR OFFEN STEHT
IM SOMMER
ZIEHT DER EKELERREGENDE DUFT
ABGESTANDENER KNEIPENLUFT
IN DIE STADT, DIE SICH MÜHT
NACH FREIHEIT ZU RIECHEN

DIE GÄSTE
EIN PANOPTIKUM
ALTE MÄDCHEN MIT BEMALTEN LIPPEN
DIE LESPE MIT DEN GROSSEN WEICHEN TITTEN
DER RUSSE, ALTER STARKER MANN
MIT DER LIEBESGESCHICHTE, DIE KEINER KENNT
30 JAHRE HATTE SIE AUF IHN GEWARTET
NUN SIND SIE GEMEINSAM EINSAM
IN BERLIN

DER SUDANESE, MIT DEM KEINER SPRECHEN WILL
EIN ARABER MEHR
SEIN AKZENT IST SCHRECKLICH, EIN GRAUS
DOCH DAS DEUTSCH DAS ER KENNT
IST REICHER ALS DAS ALL DER DEUTSCHEN HIER
UND ER SPRICHT MIR EIN GEDICHT
IN SEINER SPRACHE

BERLIN HÖRT NICHT ZU

UND KARIN
DICH HAT DIESE STADT VERWIRRT
AUF WELCHEM ESO-TRIP BIST DU

HÄNGENGEBLIEBEN, MIT WELCHER DROGE
VOR JAHREN SCHON?
DU LEBST AUF DER STRASSE
DU BIST DER GRÜNE TAG
SAGEN DIE MAJA. NAJA
WIR RAUCHEN VOR DER TÜR

DER TYP MIT DEM ZERSCHLAGNEN GESICHT
WUNDERT SICH, DASS ICH MIT IHM REDE
GIBT MIR NE APOTHEKE AUS
SO SCHMECKT BERLIN- IN DER AUE
UND SAGT
DU HAST SO EIN OFFNES GESICHT
WENN DAS DER UNTERSCHIED
ZWISCHEN WEST UND OST IST
UND SCHWEIGT

UND CAROLA HINTERM TRESEN
SOMMERSPROSSEN UND ÜPPIGES BLOND
NA JA, EIN BISSCHEN AUFGEFÄRBT SCHON
DIE IS EINE VON HIER, DER STEHT DIESE STADT
HAT BIS FRÜH UM SECHS GEMACHT
FÜR UNS. SPIEGEL FÜR BLINDE LEUTE
BETRIEBSBLINDE LEUTE
IHR TELLERRAND HEISST BERLIN

VERRÜCKTE KARIN
SAGTE AM ENDE
LEG DEINE HAND IN MEINE HÄNDE
ICH MACH DICH WIEDER WARM

BERLIN, DU ALTE HURE
BIN DIR BEGEGNET IN DER GRÜNEN AUE
DU FÜHRTEST MICH ZUR KLAREN QUELLE
UND NE TRÄNE
HING AN DEINER NASE

ES IST SO SCHWER GERECHT ZU SEIN

SIE IST ZEHN UND GROSSE SCHWESTER
OFTMALS NERVT DER KLEINE BRUDER
NIE KANN SIE IN RUHE LESEN
IMMER STÖRT DAS KLEINE LUDER
SIE ERKLÄRTS IHM, SIE BESCHWÖRT IHN
SCHREIT IHN AN, ER LACHT UND ZWICKT SIE
SIE IST WÜTEND, LÄUFT IHM NACH
ER VERSTECKT SICH UND ERSCHRICKT SIE
UND SIE JAGT IHN UND SIE SCHUBST IHN
UND SIE STELLT IHM NOCH EIN BEIN

ES IST SO SCHWER GERECHT ZU SEIN

ER FÄHRT N DICKEN WAGEN
UND HAT DUNKLE AUGENRINGE
DIE FIRMA ÜBERLEBT GRAD SO
NOCH IST ER GUTER DINGE
HAT NE 70 STUNDEN WOCHE
UND ER WEISS ER MUSS ENTLASSEN
SONST GEHT DIE FIRMA PLEITE
IHN WERDEN VIELE HASSEN
UND SO SCHREIBT ER BLAUE BRIEFE
UND STELLT KEINEN LEHRLING EIN

ES IST SO SCHWER GERECHT ZU SEIN

SIE HAT DEN JOB VERLOREN
UND DEM LEBEN ABGESCHWOREN
DER MUT HAT SIE VERLASSEN
SIE KANN KEINE HOFFNUNG FASSEN
SIE TRINKT NUN JEDEN ABEND
UND WACHT AUF IN FREMDEN BETTEN
MANN UND KINDER SIND VERZWEIFELT
WOLLEN FRAU UND MUTTER RETTEN
IRGENDWANN DREHT ER DURCH
UND ER HAUT IHR EINE REIN

ES IST SO SCHWER GERECHT ZU SEIN

AM ENDE

DURCHS WILDE LEBEN
UNBERÜHRBAR UNVERWUNDBAR WEISE
BIST DU AM ENDE DEINER REISE

DAS HOFFEN IST VERGANGEN
KEIN AUF DEN ERSTEN BLICK
KEIN ERSTER KUSS KANN LOCKEN
DER AKT ERFÜLLT SO KURZ NUR DAS VERLANGEN
FÜLLT STILL DIE LEERE MIT DER LUST DES ANDERN

SCHON TRÄGST DU EWIGKEIT
KEIN HOFFEN UND KEIN BANGEN
NICHT LUST NOCH VERLANGEN
ÖDE WIRD DIE WELT

ANNA VON ANNABERG

IN ANNABERG 'DROM IM ARZGEBIRG'
LETZTES JAHR WOHL IM AUGUST
HAB ICH SIE GESEHN, FEE IM WIESENGRÜN
UND ICH HÄTT SO GERN GEWUSST
WO ICH SIE WOHL FIND, OB DAS SCHÖNE KIND
WOHL NOCH FREI IST UND UNGEFREIT
WIRD SIE MIR NICHT HOLD, STERB ICH UNGEWOLLT
AN BEGEHREN UND HERZELEID

IHR LACHEN WAR KLAR WIE GLOCKENKLANG
DUNKLES GOLD WAR IHR HAAR IM WIND
ICH TRAF EINEN MANN UND ICH SPRACH IHN AN
WER SIE IST, WO ICH SIE WOHL FIND
"ANNA WOHNT AM BERG GLEICH BEI ANNABERG"
UND DER SCHALK STAND IHM IM GESICHT
"SIE IST WEIT UND BREIT HIER DIE SCHÖNSTE MAID
UND DU, FREMDER, BEKOMMST SIE NICHT"

ICH WAR FRANK UND FREI UND GAR FROH DABEI
NIE NAHM MICH DIE LIEBE EIN
DOCH FÜR DIESE MAID FAND ICHS AN DER ZEIT
SESSHAFT UND GEZÄHMT ZU SEIN
MEIN HERZ WAR NOCH FREI, ICH FAND NICHTS DABEI
DASS SIE EINZOG ALS WÄR SIE MEIN
ICH LIESS SIE HINEIN, JA SO SOLLT ES SEIN
DIESES MÄDCHEN WOLLT ICH FREIN

KEIN GASTHAUS WIRD MICH JE WIEDERSEHN
KEINEN TABAK RÜHR ICH AN
WERD SONNTAGS STETS IN DIE KIRCHE GEHN
ALS RESPEKTIERLICHER MANN
ALLES SETZ ICH EIN FÜR EIN EIGNES HEIM
EINE EIGNE FEUERSTATT
ICH WERD ALLES TUN, ICH WERD NIEMALS RUHN
BIS ICH ANNA VOM BERGE HAB

VON ANNABERG BIS NACH FRANKENBERG
UND VON FREIBERG NACH GROSSENSTEIN
GIBT ES WEIT UND BREIT KEINE SCHÖNRE MAID
UND SIE WIRD BALD DIE MEINE SEIN

VON OLBERNHAU ÜBER LICHTENSTEIN
UND VON THALHEIM NACH FRANKENBERG
SOLL EINE MAID NUR DIE MEINE SEIN
SCHÖNE ANNA VON ANNABERG

NOTWEHR

ICH HAB SIE GEWÜRGT. ES WAR NOTWEHR.
IHR LÄCHELN- ES HÄTTE MICH SONST- UMGEBRACHT.
SIE HAT NICHT- GESCHRIEN.
SIE HAT NICHT- GERÖCHELT.
SIE HAT GANZ STILL GELITTEN,
BIS IHR LÄCHELN- BRACH.

SIE SCHLICH SICH IN MEIN HERZ, DAMALS.
LÄCHELTE MICH EINFACH AN,
UND EIN VERHEISSUNGSVOLLER SCHIMMER
LAG IN IHREM LANGEN BLICK.
EINE HOFFNUNG, EIN ERKENNEN
FIEL IN MEIN HUNGRIGES HERZ
WIE EIN SAMENKORN AUF FRUCHTBAREN GRUND,
TRIEB EINE KLEINE, WUNDERBARE BLÜTE
UND VERSCHWAND,
SO WIE SIE IHRE AUGEN VON MIR WANDTE.

EINE AHNUNG LIESS MICH VERHARREN.
IN IHREN AUGEN SAH ICH MEINE EIGNE SEELE,
FÜR EINEN AUGENBLICK SAH ICH- MICH,
KLAR UND DEUTLICH WIE NIE ZUVOR.
BLEIB, DACHTE ICH. DU BIST ES DOCH.

SIE GING WIEDER. SIE GAB KEIN ZEICHEN.
SIE LIESS MICH ZURÜCK.
SIE KONNTE SICH NOCH NICHT ENTSCHEIDEN.

ICH VERGASS SIE GANZ,
UND WAR VON NUN AN DOCH
IMMER AUF DER SUCHE NACH IHR.

JAHRE VERGINGEN. VIELE AUGENBLICKE KAMEN.
SO VIEL 'VIELLEICHT',
SO VIEL SUCHE UND VERSUCH,
SO VIEL ENTTÄUSCHUNG, SO VIEL GLÜCK AUCH.

IMMER AUF DEM WEG ZU IHR. MEIN WEG FÜHRTE MICH
DURCH DIE HÖLLE.
ICH VERLOR ALLES, ABER ICH FAND MICH SELBST.
IN DEMUT.

SIE WAR WIEDER DA.
SIE HATTE NOCH IMMER DIESEN BLICK.
DOCH ICH WAR NUR IN MIR.
SIE SETZTE ZEICHEN. SIE LEGTE SPUREN.
ICH FOLGTE IHR. ICH GING AUF SIE ZU.
DA ZOG SIE SICH ZURÜCK.
SIE KONNTE SICH NOCH NICHT ENTSCHEIDEN.
ICH WEINTE. ICH NAHM ABSTAND.
SIE SETZTE WEITER ZEICHEN.
SIE LEGTE WEITER SPUREN.
ICH VERSTAND ES NUN ALS SPIEL.
ICH GENOSS ES.
EINE FREUNDIN.

SIE BEGANN MICH ZU UMGARNEN.
ICH TRANK VIEL WEIN, DENN MIR FEHLTE DER MUT.
ICH NAHM SIE MIT ZU MIR.
SIE NAHM MICH SO INNIG, DASS ES SCHMERZTE.
DANN VERSCHWAND SIE WIEDER.

ICH WARTETE VON NUN AN NUR AUF SIE.
DAS WAR DAS ZIEL. ES IST DAS LETZTE SPIEL.
ES GEHT DANACH NICHT WEITER.
ICH BIN GLÜCKLICH. ICH HAB SIE JA GEFUNDEN.
ICH HABE SIE JA GEHABT.

MANCHMAL GAB SIE EIN ZEICHEN.
DANN WIEDER NICHT.
SIE KAM ZU MIR, SIE GING WIEDER.
ICH BAT SIE ZU BLEIBEN. SIE GING WIEDER.
SIE GAB KEIN ZEICHEN.
SIE KAM ZURÜCK. SIE LIESS MICH ZURÜCK.
SIE KONNTE SICH NOCH NICHT ENTSCHEIDEN.

SIE KAM, SIE GING, ICH WUSSTE NICHT WOHIN,
SIE KAM ZURÜCK, ICH WUSSTE NIE WANN,
ICH WUSSTE NICHT, OB ICH IHR HAFEN BIN.
SIE KONNTE SICH NOCH NICHT ENTSCHEIDEN.

ES SCHMERZTE ZU SEHR.
ICH WUSSTE JA, SIE IST DAS ZIEL.
WIR SIND FÜREINANDER GEMACHT.
SIE SCHEINT ES NICHT ZU ERKENNEN.
SIE KANN SICH NOCH NICHT ENTSCHEIDEN.

ICH HAB SO OFT GEWARTET.
SIE HAT NIE ETWAS VERSPROCHEN.
ICH HAB ES NICHT VERLANGT.
ABER ICH KANN NICHT ANDERS,
ALS ALLES ZU GEBEN.

WENN SIE MICH NICHT WIRKLICH ERKENNT,
ERKENNEN KANN,
DANN MUSS ICH SIE GEHEN LASSEN,
UND ICH MUSS GEHEN VON IHR,
DENN DIESER SCHMERZ IST TÖDLICH FÜR MICH.
ICH VERBRENNE IN DIESEM FEUER.

ICH HABE ES IHR GESAGT.
DA BLIEB SIE EINE GANZE WEILE.
DA WAR SIE MIT MIR.
UND ES SCHIEN AUF DEM BESTEN WEG.
MITEINANDER. BIS ZUM ENDE.

SIE MUSSTE WIEDER GEHEN.
DAS IST NICHT DAS SCHWERE.
DOCH SIE WEISS UM MEINE SCHMERZEN,
WENN SIE LANGE FERN IST,
UND WIEDER HÄLT SIE MICH NICHT AM LEBEN,
GIBT KEINE ZEICHEN,
ICH LIEGE NÄCHTELANG WACH.
SIE KANN SICH NOCH NICHT ENTSCHEIDEN.

LETZTE NACHT HAB ICH WIEDER GEWARTET.
SO LANGE GEWARTET. WIE SCHON SO OFT.
DA HABE ICH ENTSCHIEDEN.
DA HAB ICH MIR GESCHWOREN,
DASS ICH MICH NICHT LÄNGER QUÄLE.
DASS ICH NIE WIEDER WARTE.
DASS ICH MICH TRENNEN WERD VON IHR.

DANN WAR SIE DA UND LÄCHELTE,
ALS WÄRE NICHTS GESCHEHEN.
ICH HAB SIE FORTGESCHICKT.
SIE WOLLTE NICHT GEHEN.
ICH HAB SIE GEBETEN,
ICH HAB SIE GEBETTELT
UND ANGEFLEHT ZU GEHEN.
SIE LÄCHELTE UND BLIEB.
ICH HAB SIE ANGESCHRIEN.
ICH HAB SIE ANGESPUCKT.
ICH HAB SIE GESCHLAGEN.
SIE LÄCHELTE UND BLIEB.

DA HAB ICH SIE GEWÜRGT.
ES WAR NOTWEHR.
IHR LÄCHELN–
ES HÄTTE MICH SONST–
UMGEBRACHT.
SIE HAT NICHT– GESCHRIEN.
SIE HAT NICHT– GERÖCHELT.
SIE HAT GANZ STILL GELITTEN,
BIS IHR LÄCHELN– BRACH.

DA WAR SIE TOT, UNSERE LIEBE.
ICH WERD FÜR IMMER TRAUERN.

ES WAREN ZWEI MUSIKANTEN

ES KONNTEN ZWEI MUSIKANTEN
MITEINANDER NICHT SEIN
DENN ER WAR FRANK UND FREI
UND SIE HATTE KINDERLEIN

IM ALTEN FABRIKGEBÄUDE
DA HATTE ER EINEN RAUM
ZUM LÄRMEN UND ZUM TRINKEN
UND EIN BETT
FÜR DEN SCHLAF UND FÜR DIE FRAUN

SIE WOHNTE IN EINER WOHNUNG
FÜR KINDERLEIN GAR FEIN
MIT HINTERHOF ZUM SPIELEN
VORNE TRUG SIE DIE TECHNIK HINEIN
SO LEBTE SIE ALLEIN
MIT IHREN KINDERLEIN

DA KAM DER MUSIKANTE
UND NAHM SIE SICH ZUM WEIBE
MITSAMT DEN BEIDEN KINDERLEIN
UND ZOG IN IHRE BLEIBE
UND ZOG IN IHRE BLEIBE

SIE SPRACH ZUM MUSIKANTE
LEBST DU NUN GAR BEI MIR
BEZAHL ETWAS MIETE UND WASSER
BIST TAG UND NACHT NUN HIER
ISST MEIN BROT, TRINKST MEIN BIER
GIB MIR EINEN OBOLUS DAFÜR

DA SPRACH DER MUSIKANTE
ICH ZIEH ZURÜCK IN DIE FABRIK
ICH WILL DIR NICHTS BEZAHLEN
UND SCHON ZERBRACH DAS JUNGE GLÜCK
UND SCHON ZERBRACH DAS JUNGE GLÜCK

DA DACHTE DER MUSIKANTE
SUCH ICH MIR WIEDER EIN WEIB
DANN EINE REICHE ALTE TANTE
DER SCHENK ICH MEINEN LEIB
UND WEISS WO IM WINTER ICH BLEIB

SIE WOHNTE IN EINER WOHNUNG
UND BLIEB FORTAN ALLEIN
KEIN MANNSBILD
GEWISS NIE MUSIKANTEN
LIESS SIE IN IHR LEBEN EIN
NUR MANCHMAL IN IHR BETTELEIN
DAS MAG FREILICH SEIN

AN FLIRREND HEISSEN TAGEN

IHR SCHRITT WÄR LEICHT, IHR BUSEN HOCH
IHR STOLZER BLICK HIELT' JEDEM STAND
SIE HÄTTE WEICHES BRAUNES HAAR
UND EINE FEINE STARKE HAND

**DORT AN DER ERLE BEI DEM STEIN
DORT MAG IHR KALTES GRAB WOHL SEIN
DORT SEH ICH SIE IM SONNENSCHEIN
AN FLIRREND HEISSEN TAGEN**

GRÜN WÄR IHR AUGE, ÄHRENGLEICH
UMKRÄNZT VON DICHTER WIMPERNSCHAR
SIE BLICKTE TIEF INS SCHATTENREICH
ACH WÄR SIE WOHL, WIE ICH EINST WAR

SIE FÜHLTE TIEF, SIE SPÜRTE SCHMERZ
GEDANKENVOLL WÄR IHR GEMÜT
SIE HÄTTE OFT EIN SCHWERES HERZ
DAS ANGSTVOLL NUR IN LIEBE GLÜHT

**DORT AN DER ERLE BEI DEM STEIN
DORT MAG IHR KALTES GRAB WOHL SEIN
DORT SEH ICH SIE IM SONNENSCHEIN
AN FLIRREND HEISSEN TAGEN**

IM ZORNE SPRÜHTE FUNKENSTURM
SIE WÜSSTE WAHRHEIT NUR, NIE LIST
SIE WÄR VOLL MUT, EIN EDELWEIB
ACH WÄR SIE WOHL, WIE DU MIR BIST

SIE WÄRE KLUG, SIE WÄRE GUT
SIE SPRÄCHE MIT BEDACHT
WÄR VOLLER LEIDENSCHAFT UND GLUT
DIE LIEBESLUST ENTFACHT

DORT AN DER ERLE BEI DEM STEIN
DORT MAG IHR KALTES GRAB WOHL SEIN
DORT SEH ICH SIE IM SONNENSCHEIN
AN FLIRREND HEISSEN TAGEN

SIE HÄTTE HELLE, ZARTE HAUT
EIN LEICHTER HAUCH VON MORGENLICHT
STÜND NEBEN IHREM ROTEN MUND
IM ALLERSCHÖNSTEN ANGESICHT

ACH SAGTEN WIR SIE UNS NICHT TOT
ICH SEH WIE SIE INS LEBEN WILL
HEUT SANG SIE LEIS IM ABENDROT

DANN BLIEB ES STILL

DORT AN DER ERLE BEI DEM STEIN
WO NIEMALS EINE BLUME BLÜHT
WIRD MAN MICH FINDEN
MIT MIR VERKLINGT DIE MELODIE
WÄRST DU NUR MEIN
DU HÖRTEST SIE
AN FLIRREND HEISSEN TAGEN

TROPFENWEIS ZUM TOD

WAS HAB ICH MIR NUR GEDACHT IN JENER NACHT
ALS ICH DIR FOLGTE IN DEIN SCHATTENREICH
ICH WOLLTE ALLE WEGE GEHN IN DIESEM LEBEN
WOLLT ALLES LICHT UND ALLES DUNKEL SEHN

WARUM HAB ICH NICHT GEDACHT IN JENER NACHT
ZU VIEL' DÄMONEN SIND IN SEINEM HIRN
WARUM WIES ICH DEN DÜSTREN GRAUSEN REDEN
NICHT DIE TÜR, BOT IHNEN NICHT DIE STIRN

WARUM WOLLTE ICH DIE DÜSTREN HALLEN SEHEN
DIE ER MIT STEINEN FÜLLT VON GRÄBERN ALTER ZEIT
WARUM KONNTE ICH NICHT EINFACH GEHEN
BEVOR ER MEINEN BLICK AUF DIESE WELT ENTWEIHT'

WARUM SUCH ICH IMMER ALL DIE ZU VERSTEHEN
DIE DIESE ZEIT IN KARGE NISCHEN DRÄNGT
WARUM WILL ICH IN IHRE SEELEN SEHEN
BEGREIFEN WAS SIE KNEBELT, WAS SIE ENGT

SO NAH DEM TODE QUÄLN SIE SICH AM LEBEN
DENN IHRE SEELEN NAHM MAN IHNEN SCHON
NUR KÖRPER NOCH UND GEIST SIND AM VERWEILEN
VOM FÜHLEN ISOLIERT. RESIGNATION

WO IHRE SEELE AUS DER BRUST GERISSEN
KLAFFT LEERE, GLÜHT EIN SCHMERZ
QUILLT ROTES BLUT
SOLANG DER KÖRPER IST, IST KEIN ENTKOMMEN
TROPFENWEIS ZUM TOD WIRD ALLES GUT

IST ES MUT, DIE ANGST SICH VORZUHALTEN
IST ES STÄRKE, SICH ZU STERBEN, HAND IN HAND
GEHTS BESSER,
WENN MAN STOLZ IST AUF SEIN LEIDEN
BEI DÜSTREN KLÄNGEN SEINEN MEISTER FAND?

```
IHRE HALBHEIT FÜRCHTET SIE ZU TODE
TROPFENWEIS ZUM TOD WIRD ALLES GUT
GEFUNDNES HALBES MACHT EIN GANZES DUNKEL
KLAFFT LEERE, GLÜHT EIN SCHMERZ
QUILLT ROTES BLUT
TROPFENWEIS ZUM TOD WIRD ALLES GUT

ICH STEH VOR NEUEN RÄTSELN, ICH STEH DRAUSSEN
AUCH ICH LASS EUCH NICHT EIN IN MEINE WELT
ICH DANKE FÜR DAS OFFENBARTE DUNKEL
UND HOFF, DASS LEBEN LICHT DAGEGEN HÄLT
AUCH ICH LASS EUCH NICHT EIN IN MEINE WELT
AUCH ICH LASS EUCH NICHT EIN IN MEINE WELT
```

DIE SEE IST TROST

SCHWARZ GLÄNZT IM LICHT MEINER LIEBSTEN HAAR
IHR MUND SO ROT WIE NOCH KEINER WAR
SIE LÄCHELN SÜSS, HAT DIE FEINSTE HAND
KEIN SCHÖNER KIND, DAS ICH JEMALS FAND

ICH LIEB SIE SO, UND ICH LIEB IN LEID
NIE LIEBTE ICH JE EIN ANDRES WEIB
SIE ALLEIN IST MEIN HEHRES ZIEL
ICH WEISS ALLEIN, ICH WILL ZU VIEL

DIE SEE IST TROST, DIE SEE IST MEIN
DENN SIE WIRD NIE MEIN EIGEN SEIN
DIESES LIED LASS ICH IHR ZURÜCK
UND SUCH IM TOD MEIN HEIL MEIN GLÜCK

SCHWARZ GLÄNZT IM LICHT MEINER LIEBSTEN HAAR
IHR MUND SO ROT WIE NOCH KEINER WAR
SIE LÄCHELN SÜSS, HAT DIE FEINSTE HAND
KEIN SCHÖNER KIND, DAS ICH JEMALS FAND

LASS MICH

GIBST DU MIR GEB ICH DIR
NIMMST DU MEHR GEB ICHS HER
HOLS ZURÜCK SCHON WIRDS SCHWER

LASS MICH
BITTE LASS MICH
BITTE BITTE LASS MICH
LASS MICH
BITTE LASS MICH
BITTE BITTE LASS MICH EIN
LASS MICH
BITTE LASS MICH
BITTE BITTE LASS MICH SEIN
WIE ICH BIN

WIE DU MIR SO ICH DIR
GIB DICH HIN WEIL ICH BIN
NIMMST DU MICH DIR ALLEIN

GIB DICH HIN WEIL ICH BIN
TRAUST DU MIR SO ICH DIR
EIN VERTRAG OHNE SINN

DAS IST MEIN DAS IST DEIN
LENK ICH EIN BIN ICH KLEIN
BIN ICH GROSS DARFS NICHT SEIN

BIST DU DORT BIST DU FORT
BLEIB ICH HIER BIN BEI MIR
HILFT KEIN WORT SO ICH DIR

LASS MICH
BITTE LASS MICH
BITTE BITTE LASS MICH
LASS MICH
BITTE LASS MICH
BITTE BITTE LASS MICH EIN
LASS MICH
BITTE LASS MICH
BITTE BITTE LASS MICH SEIN
WIE ICH BIN

AUGENLOS

EINES NACHTS ZOG ES MICH HINAUS
SCHLAFWANDLERISCH FOLGTE ICH EINEM DRANG
DIE WOLKEN VORM MOND
WARFEN FINSTERE SCHATTEN
DIE STRASSEN WARN LEER
BLINDE BLICKE DER FENSTER
SPIEGELTEN IRRLICHTERND MONDSCHEINES SPIEL

ICH FOLGTE DEM RUF EINEN WEG HINAUF
OH SÜSSES LOCKEN, OH FEINER GESANG
ZOG MICH IN EINE DER FINSTERSTEN GASSEN
VOLL FEINEM GEWISPER GESPINST DER GESPENSTER
ICH FÜHLTE MICH HEIMISCH UND NAHZU AM ZIEL

KAUM LUGTE SIE AUS IHREM MANTEL HERAUS
DER SICH UM IHRE GEBRECHLICHKEIT SCHLANG
(VOLL VON SCHRECKEN UND PANIK
ENTFLOH EINE RATTE)
IHR IM DUNKEL VERBORGNER, VOM HUTE BEKRÄNZTER
SCHÄDEL WAR PLÖTZLICH SO NAH, DASS ICH FIEL

ICH LAG IN ERGEBENEM LAUSCHEN DARAUF
FLOSS AN DEN SCHÖNSTEN TÖNEN ENTLANG
„KOMM MIT" SPRACH SIE TRÖSTLICH
AUS TIEFSTER SEELE
FREUNDLICHES FLÜSTERN VERTRAUTER WORTE
AN LIEBE UND HEIMKEHR UND HEIMAT SO VIEL

VOLL DANKBARKEIT GLITT MEIN BLICK DAHIN
AUF DASS ICH DEN SCHÖNSTEN AUGEN-BLICK FANG
UND ERFASSTE, DASS SIE KEIN AUGENLICHT HATTE
BESCHEIDEN UND KNÖCHERN STAND SIE AN DEM ORTE
LUD VOLL SCHÜCHTERNER LIEBE MICH EIN ZUM SPIEL

SCHON ZOG ES MICH MIT IHR, DAVON, DAVON
ZURÜCK ZUR UNSCHULD, ZUM LETZTEN GANG
NACH HAUSE, NACH HAUSE
SIE BARG KEINEN SCHRECKEN
SIE SCHIEN VON DER SCHULDLOS GEMIEDENEN SORTE
WIR WUSSTEN, WIE SIE MIR, WIE ICH IHR GEFIEL

PLÖTZLICHE KLARHEIT BRACH ÜBER MICH EIN
JÄHE ANGST VOR DEM ENDE DES 'IST'
ICH BIN STÄRKER ALS DU, GEH UND LASS MICH ALLEIN
WILD BÄUM ICH MICH AUF GEGEN DAS, WAS DU BIST
WEISSE GLUT ZERSTOB KALT
DOCH DIE LIEBE WIRD SEIN

WENN ALLE BIERE FLIESSEN

WENN ALLE BIERE FLIESSEN
SO MUSS MAN TRINKEN
WENN ICH DEN WIRT NICHT RUFEN DARF
TU ICH IHM WINKEN
WENN ICH DEN WIRT NICHT RUFEN DARF
JU JA RUFEN DARF
TU ICH IHM WINKEN

JA WINKEN MIT DEN ÄUGELEIN
UND TRETEN AUF DEN FUSS
STEHT EINER HINTERM TRESEN DORT
WO ICH BESTELLEN MUSS
SEHT EINER HINTERM TRESEN DORT
JU JA TRESEN DORT
WO ICH BESTELLEN MUSS

WARUM SOLLT ICH NICHTS TRINKEN
ICH TRINKE JA SO GERN
DANN KRIEG ICH HELLE ÄUGELEIN
DIE LEUCHTEN WIE ZWEI STERN
DANN KRIEG ICH HELLE ÄUGELEIN
JU JA ÄUGELEIN
DIE LEUCHTEN WIE ZWEI STERN

DANN KRIEG ICH ROTE WÄNGELEIN
SIND RÖTER ALS DER WEIN
DAS SIEHT MAN HEUTE ABEND NICHT
HIER IST KEIN SONNENSCHEIN
DAS SIEHT MAN HEUTE ABEND NICHT
JU JA ABEND NICHT
HIER IST KEIN SONNENSCHEIN

WENN ALLE BIERE FLIESSEN
SO MUSS MAN TRINKEN
WENN ICH DEN WIRT NICHT RUFEN DARF
TU ICH IHM WINKEN
WENN ICH DEN WIRT NICHT RUFEN DARF
JU JA RUFEN DARF
TU ICH IHM WINKEN

DER AUFTRAG
2004

WER IST KÜNSTLER-
DER, DERS STUDIERT,
LETZTLICH ALLE FACETTEN
DES FACHS OFFERIERT?
JEMAND MIT TITEL
MIT DOKTORGRAD
ODER JEDER
<u>DER GUTE IDEEN HAT?</u>
KÜNSTLER IST EINER
DER SICH STELLT
SICH SELBST, DEM LEBEN,
DEN MENSCHEN, DER WELT
DER ES TUT LEBENSZEITENS
BRACHTS KAUM EINEM GELD
HEUTE MISST MAN ERFOLG DRAN
DER KÜNSTLER TUTS NICHT
MEIST SCHAUT SEINER ZEIT ER
<u>INS HAGRE GESICHT</u>
IST EIN KÜNSTLER HEUT MEDIENSTAR
IST ER KAUM ECHT
ERGO: MEDIENGESCHULDET IST MENSCH
KAUM GERECHT
WAS DA IST AUF DEM BILDSCHIRM
WAS KLINGT AUF CDN
IST IHM MASS-STAB
WAS ECHT IST
<u>KANN ER KAUM VERSTEHN</u>
ABER ICH KLEINES LICHT
ICH HAB EINEN PLAN
TRETE AN IN NER STADT
WO DIE LEUT MICH NIE SAHN
FAHRE WEIT MIT NEM AUTO
DAS FREUNDE MIR BAUEN
KÖNNT NE WERKSTATT NIE ZAHLEN
<u>JEDE PANNE EIN GRAUEN</u>

LADE AUS, BAUE AUF
50 MANN FASST DER LADEN
KOMMT ALLE, SEID DA
WILL IN FREUDE EUCH BADEN
HABE ALTE GESCHICHTEN
VON LIEBE UND LEID
VON KRIEGEN, FÜR FRIEDEN
VON EWIGKEIT
BIS HEUT SING ICH EUCH
ALTEN BRAUCH, DEN ICH LIEBE
DOCH EIN BARDE MUSS MEHR
ES WÄR SCHWACH, WENN ICH BLIEBE
BEI WORTEN, DIE ANDRE
VORHER FÜR MICH SCHRIEBEN
BIN GESANDTE DER ZEIT
SO LAUSCHET, IHR LIEBEN

EINE FRAGE DER ZEIT

SEINE LIEDER KLINGEN LEISE
SEINE STIMME TRÄGT GEFÜHL
DOCH AUF GANZ SELTSAME WEISE
IST DA ANGST IN SEINEM SPIEL

ER BESCHWÖRT MIT SEINEN LIEDERN
ER SEI FREUNDLICH, GUT UND EHRLICH
ER ERSCHLEICHT SICH DEIN VERTRAUEN
FALSCHEN LÄCHELNS. KREUZGEFÄHRLICH

WER IHM FOLGT IM BESTEN GLAUBEN
OHNE ARG BEWUNDRUNG SCHENKT
DEM WIRD ER DIE SEELE RAUBEN
DESSEN UNSCHULD WIRD ERTRÄNKT

WIRD VERSENKT IM DROGENWAHN
WIRD ERHÄNGT IM RAUSCH DES BÖSEN
WIRD BENUTZT, UND WIRD BESUDELT
GEIST WILL ER VON KÖRPER LÖSEN

QUAL UND FOLTER WIRD DIR BLÜHEN
BRECHEN WIRD ER DEINEN WILLEN
UND DEIN KÖRPER WIRD VERHÖKERT
UM PERVERSE LUST ZU STILLEN

LIEGT DEIN GEIST IN WILDEN SCHERBEN
WIRD ER DICH MANIPULIEREN
UM DICH FORTAN UND FÜR IMMER
SEINEN KREISEN ZUZUFÜHREN

SUCHST DU HILFE NUN BEI FREUNDEN
WIRD DIR KEINER GLAUBEN SCHENKEN
WIRKST VERWIRRT UND VOLLER GRAUEN
DASS DU IRR BIST, WIRD MAN DENKEN

GAR NICHTS BRINGTS, ZEIGST DU IHN AN
VERGEWALTIGUNG IST EGAL
DARAUF BAUEN DIE VERBRECHER
BLEIBST ALLEIN IN DEINER QUAL

BIST ZUM MORDEN NICHT GEMACHT
BIST ZUR RACHE NICHT BEREIT
DENNOCH WIRD IHM SCHMACH UND ACHT
IST NUR EINE FRAGE DER ZEIT

TRAUMLAND

**KOMMST DU MIT, KOMMST DU MIT
IN DAS LAND UNSRER TRÄUME
KOMMST DU MIT, KOMMST DU
KOMMST DU IN DAS LAND UNSRER TRÄUME**

KOMMST DU MIT IN DAS LAND
WO MILCH UND HONIG FLIESSEN
WO DIE SONNE DIR LACHT
ÜBER UNBEZÄUNTEN WIESEN

WO DIE WELT DIR GEHÖRT
UND ES GIBT KEINE SORGEN
KEINE ANGST, KEINEN GRAM
VOLLER HOFFNUNG JEDER MORGEN

KOMMST DU MIT IN DAS LAND
OHNE NEID UND OHNE BOSHEIT
OHNE MISSGUNST, BÖSEN WILLEN
SCHADENFREUDE, ROHHEIT

JEDER LEBT HIER FÜR DICH
SO WIE DU LEBST FÜR JEDEN
ALLES IST EINS, EIN JEDES
IST EIN NEHMEN UND EIN GEBEN

OFFNER BLICK, OFFNE HAND
OFFNE TÜR, OFFNE HERZEN
SCHMUNZELN UND LÄCHELN UND
LACHEN UND FRÖHLICH SCHERZEN

MITGEFÜHL UND GEDULD
TOLERANZ, HILFSBEREITSCHAFT
NIEMALS ANGST, NIEMALS HASS
KEIN GEDANKE JE DER LEID SCHAFFT

FREIHEIT, BRÜDERLICHKEIT
EINIGKEIT UND GLEICHHEIT
FREIE ZEIT, FREIE HAND
FREI ZUGÄNGLICHE WEISHEIT

MANN UND FRAU, SCHWARZ UND WEISS
JUNG UND ALT, REICHTUM, ARMUT
ALLES FLIESST HAND IN HAND
VOLLER GROSSMUT, VOLLER FROHMUT

KEIN HUNGER, KEINE SEUCHEN
KEIN SINNLOSES STERBEN
KEIN VERGESSENES VOLK
KEIN BENUTZT, BETROGEN WERDEN

KEIN SPIEL MIT DER WELT
KEIN BLUT UND KEINE TRÄNEN
KEINE MACHT MEHR FÜR DIE
DIE FÜR GOTTGESANDT SICH WÄHNEN

KEIN PAPIERKRIEG, EHEKRIEG
KALTER KRIEG, AUF DASS ICH WUT KRIEG
RACHE IST NICHTS FÜR WACHE
NICHTS ALS SCHANDE IST EIN BLUTSIEG

SCHLIESST DER KREIS SICH, IST GUT
NICHT VON BÖS ZU UNTERSCHEIDEN
WEITER BLICK, WEITES LAND
ENGE STIRN MACHT SINNLOS LEIDEN

KOMMST DU MIT, KOMMST DU MIT
IN DAS LAND UNSRER TRÄUME
KOMMST DU MIT, KOMMST DU
KOMMST DU IN DAS LAND UNSRER TRÄUME

SORGEN
HALTEN MICH
IN DER MITTE ZWISCHEN SCHLAF UND TRAUM
IM LEEREN RAUM, DER KEINE RUHE LÄSST
IM ZWISCHENRAUM DER KEINE FARBEN KENNT
WIE BLEIGEGOSSEN LIEG ICH
SORGEN STEHN WIE GRAUE FELSEN UM MICH
NICHTS BEWEGT SICH HIER
DIE ZEIT ZU STEIN GERONNEN IN MIR
ANGST UMGIBT MICH
HILFLOS AUSGELIEFERT BIN ICH- MIR
MEINER ANGST UM JENE DIE ICH LIEBE
WAS WIRD MORGEN.

SORGEN
HALTEN MICH IN DER MITTE ZWISCHEN SCHLAF UND TRAUM
IM LEEREN RAUM, DER KEINE RUHE LÄSST
IM ZWISCHENRAUM DER KEINE FARBEN KENNT
WIE BLEIGEGOSSEN LIEG ICH
SORGEN STEHN WIE GRAUE FELSEN UM MICH
NICHTS BEWEGT SICH HIER
DIE ZEIT ZU STEIN GERONNEN IN MIR
ANGST UMGIBT MICH
HILFLOS AUSGELIEFERT BIN ICH - MIR
MEINER ANGST UM JENE DIE ICH LIEBE
WAS WIRD MORGEN.

SORGEN
HALTEN MICH IN DER MITTE ZWISCHEN SCHLAF UND TRAUM
IM LEEREN RAUM, DER KEINE RUHE LÄSST
IM ZWISCHENRAUM DER KEINE FARBEN KENNT
WIE BLEIGEGOSSEN LIEG ICH
SORGEN STEHN WIE GRAUE FELSEN UM MICH
NICHTS BEWEGT SICH HIER
DIE ZEIT ZU STEIN GERONNEN IN MIR
ANGST UMGIBT MICH
HILFLOS AUSGELIEFERT BIN ICH - MIR
MEINER ANGST UM JENE DIE ICH LIEBE
WAS WIRD MORGEN.

SORGEN
HALTEN MICH IN DER MITTE ZWISCHEN SCHLAF UND TRAUM
IM LEEREN RAUM, DER KEINE RUHE LÄSST
IM ZWISCHENRAUM DER KEINE FARBEN KENNT
WIE BLEIGEGOSSEN LIEG ICH
SORGEN STEHN WIE GRAUE FELSEN UM MICH
NICHTS BEWEGT SICH HIER
DIE ZEIT ZU STEIN GERONNEN IN MIR
ANGST UMGIBT MICH
HILFLOS AUSGELIEFERT BIN ICH - MIR
MEINER ANGST UM JENE DIE ICH LIEBE
WAS WIRD MORGEN.

LIEBESLUSTUNDARBEITSWUT

HI**BISS**KUSS RUBINBLAU AZURROT

ZERBROCHEN BEIM STURZ
WÄRE WAHR OHNE DICH
SCHMERZ UND VERLUST
WONNEVOLL LIEBESLUST
NÄHREN EINANDER
SO NAH BEIEINANDER

BILDER KOMMEN
WEIL VERGANGEN
BEGEGNEN GESCHWISTERN
IM SEHNSUCHTSVOLL BANGEN VERLANGEN
BEGLEITERN DER LIEBE ZU DIR

BEDROHUNG UND TOD
SO NICHTIG DURCH DICH
EINFACH DA UND MIR NAH
UND SCHIER LICHT UND LIEBE BLEIBEN

GEFÜHLE SIND WAHRHEIT
SEHNSUCHT NACH DIR
MIT VOLLEN HÄNDEN
ANGST ZU VERLIEREN

DER KÖNIG

ERRINGEN WAS NICHT IST
BESITZEN WAS NIE SEI
ENTSTEHLEN WES' KEIN EIGEN
DAS WÄR DREIERLEI

FANGEN WAS NIE FLÜCHTIG
HALTEN WAS VERGEHT
FINDEN WES' NIE SÜCHTIG
STELLEN WAS NIE STEHT

ES WAR EINMAL EIN KÖNIG
DER ALLES SCHON BESASS
NUR EINES HATT ER WENIG:
HERZ IM ÜBERMASS

UND EINES HATT ER MÄCHTIG:
SO GROSSEN ÜBERDRUSS
AN ALLEM WAS ER HATTE
ER KAM ZU DEM ENTSCHLUSS:

ZU ERRINGEN WAS NICHT IST
ZU BESITZEN WAS NIE SEI
ZU ENTSTEHLEN WES' KEIN EIGEN
DAS WÄR DREIERLEI

ZU FANGEN WAS NIE FLÜCHTIG
ZU HALTEN WAS VERGEHT
ZU FINDEN WES' NIE SÜCHTIG
ZU STELLEN WAS NIE STEHT

„GEDANKEN ERST ERSCHAFFEN
IN EINES OPFERS HIRNE
DASS GIFTGES GIERIG LANGE
HINTER BLEICHE STIRNE

VERGESSEN LASS VERBLASSEN
HERNACH DES OPFERS NACHT
ALS HÄTT ES EINEN TIEFEN
TODESSCHLAF VERBRACHT"

EINS HAT ES EINST ERINNERT
IRRT TRAUERVOLL DIE WELT
AUFRECHT FLORVOLL STIRNE
SICH ENTGEGEN STELLT

ZU ERRINGEN WAS NICHT IST
ZU BESITZEN WAS NIE SEI
ZU ENTSTEHLEN WES' KEIN EIGEN
DAS WÄR DREIERLEI

ZU FANGEN WAS NIE FLÜCHTIG
ZU HALTEN WAS VERGEHT
ZU FINDEN WES' NIE SÜCHTIG
ZU STELLEN WAS NIE STEHT

ES WAR EINMAL EIN KÖNIG
DER ALLES SCHON BESASS
UND IST IHM ALL ZERRONNEN
UND WARD IHM ALL GENOMMEN
MIT HERZ IM ÜBERMASS

UND HAT ER ALL GEWONNEN
SEIN' WANGEN WARDEN NASS

WEHE WEHE WEHE

WEHE WEHE WEHE - KEIN SEX VOR DER EHE

ER SPRACH ZU MIR IN GROSSER RUNDE
MIT SEINEM FRISCHEN ROSENMUNDE
UND EINER STIMME, DIE JUNGENHAFT KLANG:
„WIE LOCKT MICH DIE SÜNDE ALS REIFENDER MANN
WIE SCHMERZT MICH DIE LUST
WENN ICH MICH BEFLECKE
ALLEIN UNTER MEINER WOLLENEN DECKE

ALLEIN UNTER MEINER WOLLENEN DECKE
QUÄLT MICH DIE SÜNDE, UND ICH SEH
ALS EINZIGER TROST BLEIBT MIR, DASS ICH VERRECKE
EH ICH DIE SÜNDE MIT ANDREN BEGEH
ICH ZIEH KEINEN IN MEIN VERGEHEN HINEIN
SEX SOLL, SAGT MEIN HERR, VOR DER EHE NICHT SEIN"
WEHE WEHE WEHE - KEIN SEX VOR DER EHE

HÄTT ICH NICHT GETRUNKEN
ICH HÄTTE GESCHMUNZELT
SCHWEIGEND BEDAUERND DIE STIRNE GERUNZELT
SEINE HÖLLE SCHAFFT SICH DOCH JEDER ALLEIN
WAS ZIEHT ER MICH IN SEINE SEELENPEIN
ICH BEDAURE DIE FRAU, DIE ER EINSTMALS BEFLECKT
DIE ALS EHEWEIB EINST IN DER WOLLDECKE STECKT
WEHE WEHE WEHE - KEIN SEX VOR DER EHE

ICH HATTE GETRUNKEN, ICH HABE GESCHMUNZELT
ICH HABE BEDAUERND DIE STIRNE GERUNZELT
ICH HABE GESPROCHEN, MIT VORSICHT, VOLL GRAUEN
ICH HAB FAST GEWEINT
WAS MACHT KIRCHE MIT FRAUEN
WAS MACHT KIRCHE AUS MÄNNERN

ER WOLLT MICH BEKEHREN
DAS THEMA WERD ICH FORTAN ÖFTER BEEHREN
WERD MICH FÜR ALLE, DIE FREI SEIN WOLLN, WEHREN
**WEHE WEHE WEHE - WAS ICH FORTAN SPRECH
WEIL ICHS SEHE**

SÜSSE TRÄUME

ÜBER DIR STEHN GUTE STERNE
EIN WINDHAUCH FLÜSTERT: ICH HAB DICH GERNE
ALLE ZEIT SCHON SINGT DIE NACHTIGALL
SÜSSE TRÄUME ÜBERALL

SAG MIR GUTNACHT UND KÜSS MICH
UND FLÜSTER MIR VON FERN: ICH VERMISS DICH
BIN TRAURIG, DENN DU BIST NICHT BEI MIR
TRÄUME TRAGEN MICH ZU DIR

DIE STERNE VERBLASSEN IM MONDSCHEIN
ICH SCHMECK DEINEN KUSS
ICH WÜRDE SO GERNE BEI DIR SEIN
TRAURIGES VÖGLEIN ICH, DAS HIERBLEIBEN MUSS

ICH SENDE DIR GESCHICHTEN
ICH WERDE SIE IM TRAUM DIR BERICHTEN
TRÄUM SÜSS, ICH WÜNSCH DIR ALLES GLÜCK
KEHR IM TRAUM ZU MIR ZURÜCK

FROHBILD

WARMER
SANFTER
SOMMERREGEN
SPAZIERGANG
ALL-EIN
IN
DER
BLAUEN
STUNDE
TÜRKISLEICHTES
SOMMERKLEID
UNTERM
AZURSCHIRM
FARBEN
FÜHLEN
FROHBILD

ÜBERLEBEN

HAB SCHON SO VIEL GESEHN, GELEBT
WEISS NICHT WO MEIN PEGEL STEHT
AUF DASS MICHS FORTSPÜLT
DORTHIN WO DIE BILDER SIND
DIE ICH KANNTE SCHON ALS KIND
MEIN ZUHAUS
MEIN KOPF IST LÄNGST ZUM BERSTEN VOLL
WEISS NICHT WAS ICH HIER NOCH SOLL
ALLE AMPELN STEHN AUF ROT
INNENLEBEN LEBT ALLEIN
WEISS SCHON LÄNGST ES KANN NICHT SEIN
WAS ICH WILL
ÜBERLEBEN SCHATTEN SEIN
NUR DIE RUHE NUR DAS BROT
NUR DAS SCHREIBEN
LÄSST MICH BEI DEN TRÄUMEN SEIN
ICH VERSTEH NICHT WAS SEI MEIN'N
ICH VERSTEH NICHT

EIN SCHATTEN VON LICHT

ES IST KEIN GEHEIMNIS, KEIN FALSCHER ZAUBER
NICHTS, DAS SIE HAT, WAS NICHT JEDER TRÜGE
ES GILT ZU WÄHLEN OB ZWEIFEL, GEWISSHEIT
ES GILT ZU ENTSCHEIDEN OB WAHRHEIT, OB LÜGE

SIE GLAUBTE AN DIE KRAFT DER LIEBE
DOCH WÜRDEN IHRE FARBEN VERBLASSEN
WENN SIE BEI IHM BLIEBE
SEIN DUNKEL IST GRÖSSER ALS IHR LICHT
ER KANN SIE VERDUNKELN, ER KANN SIE VERHÜLLEN
IHR LICHT AN SICH NEHMEN- DAS KANN ER NICHT

SIE SIEHT DIE FARBEN IN IHM LEUCHTEN
IN SEINEM TIEFSTEN DU
DOCH SOLANGE ER
SIE NICHT INS LEBEN WIRFT VOLLER GROSSMUT
SICH NUR INS LEBEN WIRFT VOLLER HOCHMUT
KANN ER SICH NICHT- SIE SICH NICHT
AN IHM FREUN

DASS ER SEINEN WEG SCHON SO LANGE SUCHT
SICH IM KREISE DREHT
WIE VON BLINDHEIT GESCHLAGEN
GIBT IHM NIEMALS DAS RECHT
ANDREN VORZUHALTEN
DASS SIE DEN IHREN SCHON GEFUNDEN
UND SIE ZU VERLETZTEN, ZU VERWUNDEN
MACHT IHN BLINDER NUR, SCHWÄCHER UND ÄLTER
SEINE DUNKLE WELT DUNKLER NOCH, KÄLTER

WAS SIE IST, KANN ER NICHT AN SICH REISSEN
AUCH WENN ER GLAUBT, DIE GANZE WELT SEI SEIN
IHM STEHT NICHT ZU, WAS IHR ZUTEIL WIRD
ES HÜLF AUCH NICHTS
DASS SEINE WELT IHM HEIL WIRD
DEN SINN SEINES LEBENS FINDET ER NUR ALLEIN

SOLANG EINER BLIND

SCHNÖDE ZIELE VERFOLGT

UM DES MAMMONS WILLEN

UM GELD ZU HORTEN

UND TALENTE

MISSBRAUCHT

UM MEHR ZU GELTEN

UM REICHTUM UND STATUS

UND STELLUNG UND RUHM

VERGEUDET ER ALLES

KEINER GLAUBT

SEINEN WORTEN

KEINE WAHRHEIT

LIEGT IN SOLCH

TRACHTEN UND TUN

KUNST ERWACHSEN

KANN DARAUS NICHT

NUR EIN SCHWACHER

ABKLATSCH

EIN SCHATTEN

VON LICHT

MEIN GLAS

MEIN GLAS IST VOLL

ICH WILL ES TEILEN

WILLST DU MICH

VOM UNMUT HEILEN

BLEIBST DU FERN

UND ICH SCHWEIGE

GEHT ES

UNGETEILT

ZUR NEIGE

SCHWARZ-SAMTENES BAND

**DIAMANTENKLAR WARN IHRE AUGEN
JA SIE WAR WOHL DIE SCHÖNSTE IM LAND
LANGES HAAR SPIELTE UM IHREN ZARTEN HALS
SIE TRUG EIN SCHWARZ- SAMTENES BAND**

IN DEM SCHÖNEN ORT NAMENS BELFAST
ALS GESELL MEINE JAHR BRACHT ICH HIN
MIT FREUD UND FREUNDEN UND KURZER WEIL
WAR MEIN LEBEN VOLL FROHEM SINN

BIS DASS MICH DAS SCHICKSAL EREILTE
ES ZWANG MICH IN FREMDES LAND
ZWANG MICH FORT VON ALL MEINEN LIEBEN
SCHULD WAR EIN SCHWARZ-SAMTENES BAND

DIAMANTENKLAR WARN IHRE AUGEN......

VERGNÜGEN SUCHT ICH EINES ABENDS
WOLLTE WOHL UM DIE HÄUSER ZIEHN
DA KAM EINE GAR ZARTE, GAR HOLDE MAID
ES ZOG MICH SOGLEICH ZU IHR HIN

DOCH SIE ZOG ES VOR, EINEM GASTE
DIE UHR AUS DER TASCHE ZU STEHLN
DIE DRÜCKTE SIE HEIMLICH IN MEINE HAND
DER GENDARM NAHM MICH FEST, LIESS SIE GEHN

DIAMANTENKLAR WARN IHRE AUGEN......

AM MORGEN STAND ICH VOR GERICHTE
DEM RICHTER WAR GNADE GAR FREMD. ER SPRACH:
"AUF DEINE SCHULD, DU VERWAHRLOSTER BURSCH
VERWETT ICH MEIN LETZTES HEMD-

ALLES SPRICHT GEGEN DICH, DU VERRUCHTER
AUF DICH WARTET VAN DIEMEN'S LAND
1000 MEILEN UND MEHR VON DER HEIMAT, MEIN FREUND
LIEGT DIE HÖLLE, IN DIE ICH DICH SEND"

DIAMANTENKLAR WARN IHRE AUGEN......

SO HÖRT, ALL IHR BURSCHEN, MEIN WARNEN
MERKET AUF UND BEWAHRET ES GUT
WENN IHR SAUFET, SO MEIDET DAS WEIBERVOLK
WEIL ES EINEN BETRÜGEN TUT

SIE FÜLLN EUCH MIT WHISKEY UND PORTER
BIS DER SUFF EURE SINNE VERBRENNT
ERWACHET IHR DANN AUS DEM WHISKEYRAUSCH
SEID IHR SCHON IN VAN DIEMEN'S LAND

DIAMANTENKLAR WARN IHRE AUGEN
JA SIE WAR WOHL DIE SCHÖNSTE IM LAND
LANGES HAAR SPIELTE UM IHREN ZARTEN HALS
SIE TRUG EIN SCHWARZ- SAMTENES BAND

MATROSE- AHOI!

DAS IST DOCH SCHON LÄNGS AUSGESTANDEN, GELEBT
DAS HEISSBLUT, DAS WEITER UNS TREIBT
DAS IST DOCH SCHON LÄNGST VERSTANDEN, ERFAHRN
DASS VOM LOHENDEN FEUER
NUR GLUT SCHWELT UND BLEIBT

IST DOCH SCHON BEGRIFFEN, LÄNGST SCHON BEDACHT
DASS DIE ZEIT ZEIGT WAS STET IST, WAS GEHT
OB MAN LIEBT OB MAN LEBT
STETS DIE GLUT NEU ENTFACHT
DASS DAS HELLE IM DUNKEL BESTEHT
UND WIEDER DIE FREIHEIT UNS WEINT ODER LACHT
ALS WÄRMENDE SONNE
ALS KLIRRENDE NACHT

IN DIESEM WISSEN, IN DIESEM GEFÜHLE
BEGEGNEN WIR UNS, MATROSE, AHOI!
FÜLL ICH MIR DIE DENNOCH BLEIBENDE LEERE
MIT DEM WAS ICH WEISS, DASS ICH NUR NICHTS BEREU

UND BEREUE ICH NICHT, IST DOCH HOFFNUNG AN BORD
DENN MEIN BOOT TRIEB ES FORT
LÄNGST SCHON WEHTS MICH ALLEIN
PIRATENVOLK MEIDET MICH
ANGST LIEGT IM BLICK
LASS DICH NIEMALS
MIT TROTZIGEN SEEWEIBERN EIN

DEIN SCHIFF LEGTE BEI, DICH LASS ICH IN RUH
DICH LASS ICH NAH, IN DEN FRIEDLICHEN KREIS
DU SEGELST DAVON, UND ICH WEISS, WAS ICH TU
DAS STEUERRAD GREIF ICH, WEIL ICH DICH NUN WEISS

ICH SEGLE NIE FERN VON DIR, LEG BEI, MATROSE
SEIT DIR WEISS ICH MICH AUF DER SEE NIE ALLEIN
SEHE LAND, DAS BIST DU, JEDER SEGELT ALLEINE
DOCH GERN WILL ICH DIR EINE HAFENBUCHT SEIN

WIR WOLLEN NICHT WISSEN WAS WÄRE
NIEMALS ERFAHREN WIES IST
SO MEIDEN WIR ALLES SCHWERE
ENTGEHEN DER WAHRHEIT, DEM ZWEIFEL MIT LIST

ODER WOLLEN WIR WISSEN WAS WÄRE
ERFAHREN WIE ES IST
RISKIEREN DAS MÖGLICHE SCHWERE
WEIL TIEFE DER LOHN DER MUTIGEN IST

UND TIEFE IST UNS NICHT DER MEERESGRUND-
BIS BALD, BLEIB GESUND
MATROSE- AHOI!

TIEF IM OSTEN

TIEF IM OSTEN DES LANDS
BIS ZUR ODER HINAN
STEHN DIE RÄDER LÄNGST STILL
IST DIE ARBEIT GETAN

DIE FABRIKEN STEHN LEER
VIELE HÄUSERBLOCKS AUCH
AUF DEN SCHORNSTEINEN FEHLT
LÄNGST DER RAUCH, LÄNGST DER RAUCH

UND ALLES WAS DU HÖRST
IST DER HEULENDE WIND
UND EIN WEINEN BEI NACHT
SCHLAF MEIN KIND, SCHLAF MEIN KIND

KEIN KINDERLACHEN
WEHT DURCH DEN ORT
ALLE JUGEND IST WEG
ALLE KINDER SIND FORT

ALLE ARBEIT DAHIN
KEINE ARBEIT, NUR NOT
ICH BIN ALT, ICH BLEIB HIER
OHNE LOHN, OHNE BROT

NUR WER JUNG IST DER ZIEHT
IN DEN WESTEN HINEIN
LÄSST UNS ALTE IM OSTEN
ALLEIN, GANZ ALLEIN

BIN ZUM STERBEN ZU JUNG
UND ZU ALT SCHON ZUM GEHN
DOCH WEN KÜMMERT DAS SCHON
MAN WIRD SEHN, WIRD SEHN

UND ALLES WAS DU HÖRST
IST DER HEULENDE WIND
UND EIN WEINEN BEI NACHT
SCHLAF MEIN KIND, SCHLAF MEIN KIND

ALLE ARBEIT DAHIN
KEINE ARBEIT, NUR NOT
ICH BIN ALT, ICH BLEIB HIER
OHNE LOHN, OHNE BROT

BIN ZUM STERBEN ZU JUNG
UND ZU ALT SCHON ZUM GEHN
UND AUCH DAS WERDEN WIR
ÜBERSTEHN, ÜBERSTEHN

UND ALLES WAS DU HÖRST
IST DER HEULENDE WIND
UND EIN WEINEN BEI NACHT
SCHLAF MEIN KIND, SCHLAF MEIN KIND

FRÜHLINGSREGENGRÜN

ALS ICH AUS DEM FENSTER SCHAUTE
PERLTE FRÜHLINGSREGENGRÜN
BACKSTEINMAUER BRACH SICH GOTISCH
OBEN SAH ICH WOLKEN ZIEHN

GANZ ALLEIN IM FRÜHLINGSREGEN
STAND EIN ALTER GRAUER MANN
HIELT EIN BUCH IN SEINEN HÄNDEN
STAND GANZ STILL UND SAH MICH AN

REGEN NÄSSTE BÜCHERSEITEN
RANN IHM ÜBER SEIN GESICHT
AUGENBLICK AUS FERNSTEN WEITEN
DER SICH IN DEN TROPFEN BRICHT

„GEH DOCH AUS DEM REGEN, ALTER!"
RIEF ICH, DOCH ER STAND NUR STUMM
HOB ZU MIR DIE BÜCHERSEITEN
ZEIT DER STILLE UM UND UM

WAR ES IN DEN MANUSKRIPTEN?
LAS ICH ES IN MEINER SEELE?
SCHICKSAL ZEIGT SICH DIR, MEIN MÄDCHEN
TRÄUME. WÜNSCHE. FORDRE. WÄHLE

EINES TAGS WIRD SICH BEGEBEN
DASS ZWEI SEELEN SICH BEGEGNEN
SICH WIE REGENBOGEN LIEBEN
FRÜHLINGSREGEN SOLL SIE SEGNEN

IM GEMÄLDE IN DEM BUCHE
HAB ICH DICH SOFORT ERKANNT
LÄCHELTE MIR SELBST ENTGEGEN
UND WIR STANDEN HAND IN HAND

LAUT UND HEFTIG LÄUTEN GLOCKEN
WELCHER SCHRECK NACH DIESEM TRAUM
UNTEN STEHT ALLEIN DER ALTE
NASS UNTERM KASTANIENBAUM

STEINERN LIEST ER SEINE ZEILEN
EWIG RUHT SEIN BLICK DARAUF
LEISER ZWEIFEL REGT SICH IN MIR-
LÄCHELND BLICKT ER ZU MIR AUF

PINGUIN MARIANNE

**MARIANNE, MARIANNE
GLÜCK IST EINE WARME BADEWANNE
MARIANNE, HOHE SEE
IST DIE LIEBE, SIE TUT WEH**

ALS PINGUIN WAR SIE GEBORN
MIT KLEINEN FLÜGELN, KLEINEN OHRN
IM KLEINEN KOPF EIN GROSSER TRAUM
SIE WOLLT DIE WOLKENTÜRME SCHAUN

SIE WOLLTE FLIEGEN MIT DEM WIND
DORT WO DIE ALBATROSSE SIND
UND SIE VERLIEBTE SICH GAR SEHR
IN EINEN KÖNIG ÜBERM MEER

**MARIANNE, MARIANNE
GLÜCK IST EINE WARME BADEWANNE
MARIANNE, HOHE SEE
IST DIE LIEBE, SIE TUT WEH**

SIE ÜBT TAG EIN, SIE ÜBT TAG AUS
WIE KOMM ICH AUS DEM WASSER RAUS
SIE SPRANG SO KÜHN VOM FELSGESTEIN-
SO DARF EIN PINGUIN NIE SEIN

SEHT WIE DIE MARIANNE FLIEGT
WENN SIE DEN WELLENKAMM BESIEGT
MEHR IN DER LUFT ALS NOCH IM NASS
WIE HATTE MARIANNE SPASS

**MARIANNE, MARIANNE
GLÜCK IST EINE WARME BADEWANNE
MARIANNE, HOHE SEE
IST DIE LIEBE, SIE TUT WEH**

IHR ALBATROS, ER KAM ZURÜCK
UND SIE FOLGTE IHM EIN STÜCK
HINAUS AUFS MEER, ZU WEIT, ZU WEIT
FÜR EIN ZURÜCK BLIEB KEINE ZEIT

WEIT OBEN SCHWEBT ER ÜBER IHR
DER WEITEN HIMMELSWELTEN ZIER
ERSCHÖPFT SINKT SIE BIS AUF DEN GRUND
UND DIE MORAL- ICH HALT DEN MUND

MARIANNE, MARIANNE
GLÜCK IST EINE WARME BADEWANNE
MARIANNE, HOHE SEE
IST DIE LIEBE, SIE TUT WEH

MARIANNE, MARIANNE
GLÜCK IST EINE WARME BADEWANNE
UND DIE MORAL VON DER GESCHICHT-
ICH BITT EUCH, GLAUBT SIE EINFACH NICHT!

SAUFT MEHR BIER!

REIS' SEIT JAHREN DURCH DIE LANDE
FAHRER, ROADIE, SÄNGER, SPIELER
EIGNE TECHNIK, EIGNES BUSINESS
IMMER AUSGESTRECKT DIE FÜHLER
AKQUIRIERN, TELEFONIERN
BÜCHER UND GESPRÄCHE FÜHRN
BÜHNENZEIT IST EISBERGSPITZE
DABEI NICHT DEN KOPF VERLIERN

MAN KANN SAGEN, DASS VOR JAHREN
UNSRE GAGEN MACHBAR WAREN
SAITEN, KABEL, LAMPEN, AUTO
ALLES WAR MAL ZU BEZAHLEN
DOCH DIE TANKE MACHT MICH ALLE
SCHWARZE ZAHLEN WERDEN RAR
HOHE GAGEN ZU VERLANGEN
MACHT ES AUCH NICHT WIE ES WAR

WEIL DER KNEIPER MEINT NUR
LEIDER GEHT ES MEINEREINS WIE DIR
HAB MEHR AUFWAND UND WEND MEHR AUF
SAG DEM PUBLIKUM:
LEUTE, SAUFT MEHR BIER!

KRANKENKASSE KANN ICH LASSEN
KRANKHEIT TREIBT MICH IN DIE NASSEN
RENTE SPAR ICH NICHT, ICH SPARS MIR
WERD DAS LEBEN FRÜH VERLASSEN
VIEL ZU TEUER: KINDER, GUMMIS, PILLE
SEX MUSS UNTERBLEIBEN
WILLST DU KÜNSTLER SEIN, MERK AUF:
DIE HÖCHSTE KUNST IST KUNSTVOLL LEIDEN!

UND DER KNEIPER MEINT NUR
LEIDER GEHT ES MEINEREINS WIE DIR-
HAB MEHR AUFWAND UND WEND' MEHR AUF,
SAG DEM PUBLIKUM:
LEUTE, SAUFT MEHR BIER!

MAN WAS JAMMERT DA DIE ALTE
WEISS DOCH JEDER, ALTES LEDER
SCHLIMMSTENFALLS SIND KÜNSTLER BROTLOS
UND BEI DIR GEHTS DOCH NOCH FEDER

WARMES ESSEN GIBTS AUF MUGGE
UND ANSONSTEN GIBTS NE SCHNITTE
DARBEN IST FÜR KÜNSTLER DOCH
NICHT NUR IN HARTEN ZEITEN SITTE

DENN LEIDER MEINT DER KNEIPER
WEITER FEILSCH ICH NICHT MIT DIR
ES IST EINFACH, SAG ES MEHRFACH
SAG DEN LEUTEN:
LEUTE, SAUFT MEHR BIER!

ES IST EINFACH
SAG ES MEHRFACH
SAGS DEM PUBLIKUM:
NICHT DER ERSTE KÜNSTLER
KOMMT EUCH AUF DER BÜHNE UM!

UND DER KNEIPER DENKT NOCH WEITER
UND BEGINNT NOCH MAL VON VORN
HEUT GIBTS ALKOHOL STATT GAGE-
MÄDEL, SAUF ERST MAL N KORN!

LUSTLIED
(TITELVERLUST)

EIN HOHER **ANLAUFVERLUST** BESTIMMTE MEINE ANREISE ZUM AUFTRITT. DURCH **ABSATZVERLUST** (BILLIGSCHUHE HALT) HATTE ICH VON ANFANG AN **ZEITVERLUST**. ICH WOLLTE TANKEN FAHREN, ABER DIE TANKSTELLE WAR AUFGRUND DER ÜBERHÖHTEN BENZINPREISE VON AUFGEBRACHTEN CHEMNITZER BÜRGERN GEPLÜNDERT WORDEN, MEINE STADT ERLITT ALSO EINEN **TOTALVERLUST**. ALS ICH ENDLICH EINE NOCH INTAKTE TANKSTELLE FAND UND HALB VOLL TANKTE, ERLITT ICH EINEN HOHEN **SCHEINVERLUST**. ENDLICH UNTERWEGS, FIEL ICH EINEM **KURSVERLUST** ANHEIM, DENN MEIN NAVIGATIONSGERÄT FIEL AUS. DAS GING MIT **TEMPOVERLUST** EINHER, DA ICH NUN MIT **ORIENTIERUNGSVERLUST** ZU KÄMPFEN HATTE.

ENDLICH IN **LUDWIGSLUST** ANGEKOMMEN, VERLOR ICH MEINEN GELDBEUTEL. DIESER NOCHMALIGE **SCHEINVERLUST** WAR NACH DEM ERWÄHNTEN TANKSTELLENBESUCH ZWAR NICHT MEHR EXORBITANT, ABER FÜR MICH DOCH RELEVANT. ICH KONNTE DIE **VERLUSTZONE** EINGRENZEN UND SUCHTE UNTER GROSSEN **VERLUSTÄNGSTEN**. EIN EHRLICHER **LUDWIGSLUSTER** ERWIES MIR EINEN **VERLUSTRÜCKTRAG**. ICH DANKE HIERMIT NOCHMALS DEM **VERLUSTBRINGER**!

EILIG SUCHTE ICH DAS STILLE ÖRTCHEN AUF. ES WAR BESETZT UND ALLES ANDERE ALS STILL. VON DRINNEN TÖNTE OFFENBAR EIN **LUSTSPIEL**. ICH WAR SPRACHLOS UND KÄMPFTE, IMMERHIN NOCH LEICHT **BELUSTIGT**, MIT **SATZVERLUST**.

DAS **LUSTSPIEL** WAR EIN LÄNGERES, DIE TOILETTE BLIEB BESETZT, UND SO HATTE ICH BALD MIT **SICKERVERLUST** ZU KÄMPFEN.

DIESER **REINVERLUST** MACHTE MICH NOCH NERVÖSER.
ICH SUCHTE NACH MEINEN BERUHIGUNGSTABLETTEN,
JEDOCH FIEL MIR DIE AMPULLE AUS DER ZITTERNDEN
HAND UND VERSCHWAND, WAS **SUBSTANZVERLUST** UND
EINNAHMEVERLUST ZUR FOLGE HATTE.
BEI DEN SICH **VERLUSTIERENDEN** WAREN WOHL EHER
LUSTDROGEN, VIELLEICHT **LUSTTROPFEN** IM SPIEL.
ICH ERLITT FAST EINEN **GEHÖRVERLUST**, AUF JEDEN
FALL EINEN **SPANNUNGSVERLUST** UND SCHLIESSLICH
GLEICHGEWICHTSVERLUST, WAS ZUM **AUFSCHLAGVERLUST**
FÜHRTE. EIN GÜTIGER MITBÜRGER HALF MIR WIEDER
AUF DIE BEINE, ICH DANKE NOCHMALS
FÜR SEINE **LESELUST**!

LANGSAM FAND ICH DAS GANZE NICHT MEHR **LUSTIG**.
DURCH LAUTES RUFEN UND HÄMMERN MACHTE ICH
HERNACH MIT LIST MEINER **ANGRIFFSLUST** LUFT, UND
DEN BEIDEN **LUSTMOLCHEN** MACHTE ICH NACH DEM
VERLASSEN IHRES **LUSTSCHLOSSES** DEN **ANSEHENS-
VERLUST** KLAR, DEN SIE BEI MIR ERLITTEN HATTEN.
NACH DEM NOTWENDIGEN **WASSERVERLUST** VERLIESS ICH
SCHLIESSLICH **LUSTIGER** DINGE DAS ÖRTCHEN, IN DER
HOFFNUNG, MIR DORT KEINE **LUSTSEUCHE**
GEHOLT ZU HABEN.

DURCH ALL DIESEN STRESS KÄMPFTE ICH VOLLER
UNLUST MIT PLÖTZLICHEM **STIMMENVERLUST**,
WAS FÜR MEIN PUBLIKUM NAHEZU ZUM **BALLVERLUST**
GEFÜHRT HÄTTE, DENN BEINAHE HÄTTE ES KEINE
TANZMUSIK VON MIR GEGEBEN.

ABER HIER STEH ICH NUN, VOLLER **SANGESLUST**.
SO **VERLUSTIERT** EUCH!

UM ETWAIGEN **UMSATZVERLUST** ZU VERMEIDEN, IST DIE
LUSTBARKEITSSTEUER BEI DEN **LUSTKNABEN** AM TRESEN
IN ALKOHOL ANZULEGEN!

MEIN HERZ

ICH WEISS, MEIN HERZ
ES IST NICHT BÖSER WILLE
ER SCHENKT SCHMERZ
SANFT, LEISE, STILLE
GANZ OHNE ARG

DU LIEBST IHN
DA DU OHNE ZWEIFEL BIST
WIRST MIR SCHWER
WO ER NICHT IST
WÜNSCHST DU IHN NAH

DU LIEBST IHN, ACH
DU LÄSST MICH ENDLOS LEIDEN
ICH BIN SCHWACH
KANN IHN NICHT MEIDEN
WIDER DEINE KRAFT

ER MACHT MICH KLEIN
BEUGT MICH GEWALTSAM NIEDER
LÄCHELT FEIN
SINGT SANFTE LIEDER
LULLT DICH EIN

MEIN HERZ WACH AUF
KOMM ZU DIR, KOMM ZURÜCK
DU UND ICH
NICHT ER SIND UNSER GLÜCK
BLEIB MIR TREU

MIR WIRD SO BANG
VOR DIESER BLINDEN LIEBE
NICHT MEHR LANG
DASS HERZENSLUST UND TRIEBE
MICH VERWIRRN

VERSTAND, GEFÜHL
IM BÖSEN WIDERSTREIT
IM GEWÜHL
UM EINEN FINGERBREIT
GEWISSHEIT

WER GEWINNT
WENN WIR NICHT EINIG SIND?

MEIN HERZ, VERZEIH
ICH GLAUBTE IHN GEFUNDEN
GAB DICH FREI
STATT ZU GESUNDEN
SIND WIR ENTZWEI

BUTTER FEHLT AUFS BROT

GROSSE NOT, GROSSE NOT
BUTTER FEHLT AUFS BROT

GROSSE PEIN, GROSSE PEIN
WILL ALLEINE SEIN
EINS HAT SICH DAS KNIE GESCHRAMMT
EINS HAT EINEN SONNENBRAND
GROSSE NOT, GROSSE NOT
MUTTER - SIEHT ROT

GROSSE HATZ, GROSSE HATZ
KUMMER HAT MEIN SCHATZ
ALLES SIEHT ER DUNKELGRAU
ICH BIN DA, BIN SEINE FRAU
LASS ALLES STEHN, WILL DICH SEHN
SCHAU MAL, WAS ICH MACHEN KANN

LIEBESPEIN, LIEBESPEIN
FREUNDIN IST AM WEINEN
ALLES IST MIR GANZ EGAL
UL-TI-MA-TI-VER NOTFALL
HEIL ICH DICH, HEIL ICH MICH
LASS DICH NIE IM STICH

BRIEFE DA, BRIEFE HIER
ÖFFNE MIR EIN BIER
RECHNUNGEN WOHIN ICH SEH
HAND IN' MUND IST WO ICH STEH
IST MEIN LEBENSPLAN VERKEHRT?
HUNGERT, WER DIE KÜNSTE EHRT?
PASST DER ETWA NICHT INS LEBEN?
GIBT ES NICHTS FÜR DIE, DIE GEBEN?

GROSSE NOT, GROSSE NOT
BUTTER FEHLT AUFS BROT

GROSSE PEIN, GROSSE PEIN
WILL ALLEINE SEIN
ICH WILL SINGEN, ICH WILL DICHTEN
WENN NICHT GLEICH, SO ISTS ZUNICHTEN
BIN BEREIT, GEBT MIR ZEIT
MORGEN LIEGT ZU WEIT

LASST MICH MIT DER BÜ-RO-KRA-TU
BITTE EINFACH NUR IN RUH
BARDEN HATTEN ANNO DAZU
INSTRUMENT, LAND, HAUS UND KUH
ALS GESCHENK. NUR EINE PFLICHT:
LASST DAS TRÄUMEN NICHT!

DAS WÜNSCH ICH MIR. ICH STEH HIER
FÜR ALL DIE, DIE DIESE GABEN
DIESEN FLUCH AUCH, GAR NICHT HABEN
HAB DIE GABEN, HAB DEN SEGEN
WILL MICH GERN VORAN BEWEGEN
BIN BEREIT, GEBT MIR ZEIT
MORGEN LIEGT ZU WEIT

GROSSE NOT, GROSSE NOT
BUTTER FEHLT AUFS BROT

ARSCHLOCH

DIE WEIBER
VERDREHN SO LANGE DIE AUGEN
BIS DU MAL
MIT EINER INS BETT FÄLLST
WOMIT SIE ES
FÜR IHR RECHT HÄLT
DICH SOFORT
KOMPLETT ZU VERHAFTEN
EINZUSPANNEN
AUSZULAUGEN
UND DAS KANN AUF DAUER
KEIN MANN VERKRAFTEN
MACHST DU IHR EIN KIND
IST DEIN LEBEN GEGESSEN
WEIL DU DAS BALG
MIT IHR AUFZIEHEN MUSST
FÜR DIE GÖRE DA SEIN MUSST
FÜR GELD SORGEN MUSST
JEDEN MIST SORGEN MUSST
BEIM SEX GEHT DEM MANN
SCHNELL DIE FREIHEIT FLÖTEN
DAS WOLLEN DIE WEIBER
SIE TUN DAS BEWUSST
DIE HABEN JA
GAR NICHTS ANDRES IM PLAN
DIESE HEUCHLERISCHEN
SKLAVENTREIBER
ALS UNS MÄNNER
IN KETTEN ZU LEGEN
JA ICH SAGS EUCH
SO SIND SIE, DIE WEIBER
UND WENN SIE DICH
ERST SOWEIT HABEN
BIST DU DER DIENSTBOTE
IN IHREM LADEN

DER PC HATN KNALL
DAS AUTO STOTTERT
DER WASSERHAHN TROPFT
DER GARTEN VERLOTTERT
DER SOHN MUSS ZUM FUSSBALL
DIE TOCHTER ZUM TANZEN
UND OBENDREIN FEHLT NOCH
NE SCHNALLE AM RANZEN
UND WER DAS KLÄRT
DAS SAG ICH DIR
NUR WIR MÄNNER
IMMER WIR
VERLASS DEINE FRAU
VERLASS DEINE SPROSSEN
AB HEUTE WIRD SEX
OHNE NACHWEH GENOSSEN
ES GIBT JUNGE MÄDCHEN
DIE SIND DIR ZU WILLEN
UND KÖNNEN DIR
JEDE SEHNSUCHT STILLEN
IM TSCHECHLAND GIBTS MÄDELS
DIE KANNST DU DIR LEISTEN
UND JÜNGER NOCH
ALS DEINE TOCHTER DIE MEISTEN
TREFF ICH NE MAMA
DIE ALLEIN IST
MIT KINDERN AM HALS
DANN KANN
ICH NUR LACHEN
SOLL EINER
DORT EINZIEHN
UND SICH
UM SIE KÜMMERN
DIE HÄLFTE BEZAHLEN
SOLL ER NUR MACHEN
WIR MÄNNER SIND DAZU NICHT MEHR BEREIT
LADYS, IHR TUT MIR EINFACH NUR LEID

IHR GLAUBT
WIR VERSKLAVEN UNS
MAL EBEN
NUR WEIL WIR
UNS GERN
AUF EUCH
WEIBER LEGEN?
WIR MÄNNER
SIND DIE
FREIEN MENSCHEN
IHR WEIBER
WOLLT KINDER
DAS GEHT
UNS NICHTS AN
UND DASS ES
VON EUCH
MÄNNER
KEINER VERGISST
UND DASS IHR EUCH
ZUKÜNFTIG
JA DANACH RICHTET
DASS SEX UNBEZAHLT
DER TEUERSTE SEX IST
DOCH EIN MANN
SEI NUR SICH
UND DER FREIHEIT
VERPFLICHTET!

THYMIAN SALBEI ROSMARIN

GEHT IHR WOHL HINÜBER ZUM MARKT
OH ICH KANN NICHT MIT EUCH GEHN
GRÜSST MIR VON HERZEN MEIN MÄGDELEIN ZART
WERD ICH SIE DEREINST WIEDERSEHN

SAGT IHR SIE SOLL MIR EINE HEMDE NÄHN
THYMIAN SALBEI ROSMARIN
OHNE DASS ZWIRN ODER GARN WÄRN ZU SEHN
DANN SOLL SIE MEINE LIEBSTE WOHL SEIN

SIE WASCHE DAS HEMD UNTER TROCKENEM QUELL
THYMIAN SALBEI ROSMARIN
WO WASSER NIE FLOSS, UND KEIN REGENGUSS
DANN SOLL SIE MEINE LIEBSTE WOHL SEIN

SAGT IHR SIE TROCKNE ES AUF SPRÖDEM DORN
THYMIAN SALBEI ROSMARIN
DAS NIEMALS ERBLÜHTE SEIT ADAM GEBORN
DANN SOLL SIE MEINE LIEBSTE WOHL SEIN

UND HAT SIE IHR TAGWERK TREULICH ERFÜLLT
THYMIAN SALBEI ROSMARIN
BRINGT SIE ZU MIR IN DAS LINNEN GEHÜLLT
DANN SOLL SIE MEINE LIEBSTE WOHL SEIN

GEHT IHR WOHL HINÜBER ZUM MARKT
OH ICH KANN NICHT MIT EUCH GEHN
GRÜSST MIR VON HERZEN MEIN MÄGDELEIN ZART
WERD ICH SIE DEREINST WIEDERSEHN

ICH WÜNSCHT ICH WÄR ERWACHT

DAMALS WAR DAS LEBEN HART UND SCHWER
ABENDS BLIEB UNS OFT DER MAGEN LEER
SO VIEL ARBEIT SCHON IN KINDERSCHUHN
UND EIN STROHSACK NUR UM AUSZURUHN

ALS DER WIND SICH DREHTE, HOFFNUNG KAM
BRACH FÜR UNS DIE ZEIT DES KAMPFES AN
ALLES MÄNNERVOLK AUS UNSREM ORT
NAHM UNS DER KAMPF UM FREIHEIT FORT

SIE WOLLTEN MICH UND ÜBER BERG UND HÖHN
MUSSTE ICH IN TODESANGST ENTFLIEHN
MAL DURCH BESTECHUNG
MAL DURCH FREUNDESHAND
FAND ICH EINEN WEG IN SICHRES LAND

WIE ICH MICH SEHNE NACH DER HEIMAT GRÜN
WIE DIE GEDANKEN MICH NACH HAUSE ZIEHN
DOCH DORT ERWARTET MICH DER SICHRE TOD
MEINEN NAMEN SCHREIBEN SIE MIT BLUT SO ROT

AUCH HIER LEB ICH IN ANGST, WEIL MANCHER MANN
IN DIESEM LAND NICHTS FREMDES LEIDEN KANN
BEI TAGE WEICHT MAN MEINEN BLICKEN AUS
BEI NACHT WAG ICH MICH KAUM NOCH AUS DEM HAUS

MEINE KINDER HABENS HIER SO SCHWER
UND BLEIBT UNS AUCH NIE MEHR DER MAGEN LEER
SIND SIE NICHT FREI IN DIESEM FREIEN LAND
WIR KÖNNEN NICHT NACH HAUS, WIR SIND VERBANNT

WIE ICH MICH SEHNE NACH DER HEIMAT GRÜN
WIE DIE GEDANKEN MICH NACH HAUSE ZIEHN
DOCH DORT ERWARTET MICH DER SICHRE TOD
MEINEN NAMEN SCHREIBEN SIE MIT BLUT SO ROT

LETZTE NACHT WAR DIESER BÖSE TRAUM
VOLLER SCHERBEN LAG EIN GROSSER RAUM
AUGEN VOLLER HASS UND MORDGESCHREI
ICH WÜNSCHT ICH WÄR ERWACHT
DOCH ICH WAR DABEI

RENN UM DEIN LEBEN, SIE VERFOLGEN DICH
FÜNFZIG AUF EINEN, SIE ERMORDEN DICH
NICHTS ALS BLINDE WUT UND RASEREI
ICH WÜNSCHT ICH WÄR ERWACHT
DOCH ICH WAR DABEI

WIE ICH MICH SEHN NACH EINEM LAND SO GRÜN
WO ALLE FRIEDLICH IHRE KREISE ZIEHN
ENDLICH EIN HAFEN UND GEBORGENHEIT

WIR SIND GEBOREN IN DER FALSCHEN ZEIT

REGENBOGENKARUSSELL
FÜR MEINE KINDER

KEIN REGEN KANN UNS STÖREN
KEIN KALTER WINDHAUCH SCHRECKEN
WIR LASSEN UNS VOM KLANGGEWIRR BETÖREN
BEIM ANANAS IM SCHOKOMANTEL SCHLECKEN

WIE LECKT IHR EUCH DIE MÄULCHEN
AN ZUCKERWATTESTIELEN
SÜSSE WEISSE WOLKEN
DIE JUST VOM HIMMEL FIELEN

AZURNES BLAU GIBT SCHÜCHTERN SEINEN SEGEN
PURPURN STREIFT DER REGEN ZARTES GRÜN
EIN LIEBLINGSKINDERBÜCHERBILDERBOGEN
LÄCHELT SIEBENFARBIG AUS DEM REGEN

WIE SICH DIE WANGEN RÖTEN
NICHTS ALS EINS IM SINN:
ZIEH ICH DIE RECHTEN ZAHLEN
ZIEH ICH DEN HAUPTGEWINN?

WIE SICH DIE AUGEN WEITEN
IM SCHNELLSTEN KARUSSELL
ICH WIRBLE MIT EUCH BEIDEN
WIR LACHEN LAUT UND HELL

AZURNES BLAU GIBT SCHÜCHTERN SEINEN SEGEN
PURPURN STREIFT DER REGEN ZARTES GRÜN
EIN LIEBLINGSKINDERBÜCHERBILDERBOGEN
LÄCHELT SIEBENFARBIG AUS DEM REGEN

ZUR NACHT HIN SIND WIR ALLE GANZ BENOMMEN
TRETEN AUS DEM LICHTERMEER HINAUS
DIE STILLE NUN WIRD UNS GEWISS BEKOMMEN
DER REGENBOGEN FOLGT UNS BIS NACH HAUS

NOCH EINMAL WILL ICH KIND SEIN MIT EUCH, KINDER
WIE LANGE WOHL WOLLT IHR NOCH KINDER SEIN
WIE LANGE GLÜHN EUCH FREUDIG NOCH DIE WANGEN
WIE LANG NOCH LADET IHR MICH GERNE EIN
IN EURE WELT. NIE WIRD SIE GRÖSSER SEIN

LEHRER

ICH FÜHLE MIT DIR, LEHRER
DEINE ARBEIT
WIRD IMMER SCHWERER
FÜR JEDEN AUSFLUG
SITZT DU AN FORMULAREN
MUSST PARAGRAFEN
ALS ERSTES WAHREN

DEINE SCHÜLER TRENNEN WELTEN
DIE NICHT DEINE SIND
TROTZDEM SOLLST DU VORBILD SEIN
FÜR JEDES KIND
AUCH FÜR KINDER AUS KULTUREN
DIE UNS FREMD ERSCHEINEN
JEDEM KIND SOLLST DU ENTSPRECHEN
SOLLST KONTRÄRES EINEN

BITTE GLAUBT AN EUCH
WIR ELTERN HABEN NICHT ERDACHT
WAS EUCH LEHRERN ANGST
UND GROSSE SORGEN MACHT
IHR WOLLTET LEHRER WERDEN
WEIL IHR KINDER LIEBT
DAS UNBERECHENBARE
DAS UNS FREUDE GIBT

BITTE BLEIB TROTZ ALLEM MENSCH
ICH ACHTE DICH
BITTE BLEIB DIR TROTZDEM TREU
VERZWEIFLE NICHT
BITTE SIEH DIE KINDER
ALS VOLLKOMMEN AN
GLAUB DARAN
DASS LIEBE NUR
ERZIEHEN KANN

HI**BISS**KUSS

WENN BLOSSER ANBLICK
MIR SANFTES KOSEN
WENN BERÜHRUNG UND NÄHE
MICH GLÜCKSTRÄNEN WEINEN
BEWAHRE DIESEN AUGENBLICK

NOCH NIE WAR DA EINER
SO NAHE SO EINER
KLUG KLAR BESTIMMT
NIEMALS DRÄNGEND-BEDRÄNGEND
LIEBEVOLL WISSEND
BEWEGUNG GENUSS

OHNE DICH
KANN ICH NICHT SEIN
DARF NICHT SEIN
SAGT DIE ANGST
WILL NOCH HOFFEN UND STAUNEN
VERZERREN VERZEHREN

MICH NICHT FASSEN DERZEIT
DICH NICHT LASSEN ALLZEIT
LIEB IN ANGST ZURZEIT
BLEIB SEI BEI MIR
BALSAM HEILSAM

STRICK WEB ZART GESPINST
RUBINBLAUES WERDEN
HI**BISS**KUSS TREIB AUS
TREIBE BLÜTEN

DUNKEL FING MICH

GLAUBE LICHT UM MICH, IM HERZEN
GLAUBE NICHT AN DUNKLE SPIELE
DOCH ICH LERNE UNTER SCHMERZEN
DUNKLE SEELEN GIBT ES VIELE

UM MICH SCHUF ICH LICHTGESTALTEN
DIE IM REINEN AUSDRUCK FINDEN
LIESS DIE FINSTERNIS BLIND WALTEN
LIESS SIE UM MICH ARGLOS SPRIESSEN

BESTE CHEMISCHE SUBSTANZEN
MISCHTE MAN MIR HEIMLICH UNTER
BRACHT MICH SPLITTERNACKT ZUM TANZEN
HIELT MICH GANZE NÄCHTE MUNTER

LANGSAM WACH ICH AUF IM DUNKELN
SEHE FINSTERSTE GELICHTER
SEH IN MEINER SEELE FUNKELN
FÜHLLOSESTE ANGSTGESICHTER

MIT DER ANGST MICH ZU UMGARNEN
WAR DAS ZIEL DER KRIMINELLEN
FURCHT UND ARG KANN MICH NICHT WARNEN
ICH BIN HIER- IHR SEID IM HELLEN

ICH BIN HIER, IHR SEID IM HELLEN
SEID IM GRELLEN LICHT DER WAHRHEIT
NIEMALS KÖNNT IHR BEUGEN, BRECHEN
EWIG SCHON GESUCHTE KLARHEIT

EWIG SCHON GESUCHTE KLARHEIT
HATTE AUF DEM WEG MEHR SCHMERZ
ALS IHR JEMALS STREUEN KÖNNTET
IN EIN LEID GEWOHNTES HERZ

FLUCH
SEI
ÜBER
ALLE
WESEN
DIE
DIE
SEELEN
ANDRER
KNECHTEN
WILL
STETS
AN
DER
SEITE
STEHEN
ALLEN
DIE
FÜR
WAHRHEIT
FECHTEN

GRÜNSEIDENE

VEREHRTE, TÄUSCHE SIE SICH IN MIR
INDEM SIE MIR VON UNTREU SPRICHT
ICH HULDIGTE IHRER SCHÖNHEIT LÄNGST
OH WIE LANGE SIE MIR DAS HERZ SCHON BRICHT

OH HOLDE, STRAFT MICH MIT UNBEACHT
KNIE GESENKTEN HAUPTES IM STRASSENSTAUB
BIS DASS IHR MIR BLICK UND LÄCHELN SCHENKET
AUF DASS IHR MIR ALL MEINE SINNE RAUBT

NUN DENN, VEREHRTE, TRAGT IHR IN EUCH
EIN HERZ AUS STEIN UND ERHÖRT MICH NICHT
MUSS WOHL AUF IMMER NUN EINSAM SEIN
IN UNERHÖRTER LIEBESPFLICHT

GRÜNSEIDENE, ADIEU, ICH GEH
BET ZU GOTT FÜR EUER GLÜCK HINFORT
UND WERD AUF IMMER DER EURE SEIN
IN HOFFNUNG AUF EUER LIEBESWORT

GRÜNSEIDEN UMGARNTE GLIEDER
SIND ALL MEIN STREBEN
MEIN GLÜCK, MEIN LEID
GRÜNSEIDEN UMSCHLUNGNE GLIEDER
NUR IHR, TEURE, TRAGT STETS
EIN GRÜNES KLEID

HALT STOLZ DEIN KINN

NACH MEINEM HOCHZEITSTAGE
WOHL MITTEN IN DER HOCHZEITSNACHT
HAT UNS EIN ALTER SEEMANNSMAAT
UM UNSER VERGNÜGEN GEBRACHT
RIEF HERAUS, HERAUS DER BRÄUTIGAM
ER MUSS MIT IN DIE SCHLACHT
WIR ZIEHEN GEGEN HOLLAND
TIEF UND TRUNKEN HAT ER GELACHT

JA HOLLAND IST EIN SCHÖNES LAND
ALLE HALME TRAGEN ÄHRENGOLD
DORT WIRD DEM KÄMPFER EHRENSTAND
UND WINKET IHM REICHER SOLD
DER UFER SAND SOLL ZUCKER SEIN
FEINER TEE GRÜNT AN JEDEM BAUM
DIE GRACHTEN FÜHREN SÜSSEN WEIN
UND NOCH SÜSSER SIND DORT DIE FRAUN

SO FUHR MEIN LIEBSTER MANN DAHIN
UND MEIN HERZ SPRANG MIR ENTZWEI
DOCH MUTTER SPRACH, HALT STOLZ DEIN KINN
DASS EIN ANDERER BURSCH DICH FREI
UND SIND WOHL DER EDLEN MANNSLEUT VIEL
IN UNSEREM IRENLAND
NIE REICHTE ICH ZUM MINNESPIEL
EINEM ANDEREN JE DIE HAND

ICH WERD AUF IMMER BARFUSS GEHN
KEIN KÄMMELEIN ZIERET MEIN HAAR
KEIN TÜCHLEIN SOLL ZARTE HAUT UMWEHN
WIE ES EINST FÜR MEINEN LIEBSTEN WAR
UND KEINEM WIRD MEIN JAWORT SEIN
BIS IN MEIN KÜHLES GRAB
DENN MEINE LIEB GEHÖRT ALLEIN
DEM DER MIR IN DER FERNE STARB

KEINE HEIMAT

DIE KINDER MEINER KINDER SIND
VIELLEICHT HIER ANGEKOMMEN
VIELLEICHT SPÜRT ABER NOCH EIN KIND
WAS SIE UNS GENOMMEN
VIELLEICHT ZIEHT DIE ERINNRUNG MIT
DURCH GENERATIONEN
VIELLEICHT SPÜRN SIE NOCH WIE ICH LITT
DASS WIR NICHT MEHR ZU HAUSE WOHNEN

**ICH HABE KEINE HEIMAT MEHR
SIE IST IN EINER ANDREN ZEIT
DORTHIN DORTHIN KEHR ICH ZURÜCK
IN TRÄUMEN IST ES GAR NICHT WEIT**

DIE FELDER WAREN GRÜN UND WEIT
DIE ZEIT LIEF MIT DEM JAHRESLAUF
ICH SEH MICH NOCH AM WIESENRAIN
WIE ICH VON TAGEWERK VERSCHNAUF
EIN LEISER WIND ERST, STURM KAM AUF
TRIEB UNS DAVON IN FERNES LAND
WENN ICH HEUT DURCH DIE WIESEN LAUF
SEH ICH SIE NOCH AM WEGESRAND

SIE ZOGEN EINST IN FREMDES LAND
SIE WOLLTEN EIGNES GUTES LAND
EINST NAHM MAN OFFNEN ARMS SIE AUF
DEN ABSCHIED NAHMEN SIE IN KAUF
SIE SCHAFFTEN SICH EIN EIGNES LEBEN
IN DEM SICH KLEINER WOHLSTAND FAND
WENN ICH HEUT DURCH DIE WIESEN LAUF
SEH ICH SIE NOCH AM WEGESRAND

DER HEIMAT FERN WURD HEIMAT DORT
DIE KINDER IHRER KINDER BLIEBEN
ZUHAUSE WARD DER FREMDE ORT
DOCH DANN HAT MAN SIE FORTGETRIEBEN
DIE ALTE HEIMAT RIEF SIE HEIM
DIE ALTE HEIMAT WOLLTE KRIEG
WER TROTZDEM IN DER NEUEN BLIEB
DER IST KAUM FROH GEBLIEBEN

**ICH HABE KEINE HEIMAT MEHR
SIE IST IN EINER ANDREN ZEIT
DORTHIN DORTHIN KEHR ICH ZURÜCK
IN TRÄUMEN IST ES GAR NICHT WEIT**

EINE WAHRE GESCHICHTE

EINE WAHRE GESCHICHTE
WILL ICH DIR ERZÄHLEN
EINE WAHRE GESCHICHTE
VON LIEBE UND TOD
WILL DICH QUÄLEN

DIES BRACHTE MICH EINSTMALS
FAST AUS DEM LOT:

SIE WAR 19, WIE ICH
ACH VOR SO VIELEN JAHREN
ICH BEGEHRTE UND LIEBTE
NICHT EIN EINZIG WORT
WAGT ICH DER SCHÖNEN
ZU OFFENBAREN
NUN IST SIE FORT

AUS DEM GASOFEN ZOG ICH SIE
MIT EINEM FREUNDE
BIS HEUTE WEISS KEINER
WARUM SIE ES TAT
ICH ERZÄHLE EUCH EINE WAHRE GESCHICHTE
DIE SIE UNS HINTERLASSEN HAT

SIE LAG IN DER STILLE
IHRER KARGEN KEMNATE
DURCH GESCHLOSSNE GARDINEN
FIEL DÜSTERES LICHT
SIE SEHNTE SICH LIEBE
DIE FINGER IM WARMEN
HALFEN IHR NICHT

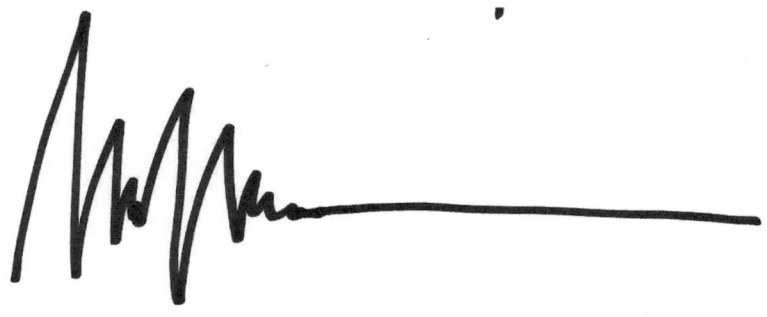

EIN MANN TRAT INS ZIMMER
SCHWEIGEND DIE SCHATTEN
SCHON IHR KLEID FIEL
ER ÜBER SIE HER

KEIN SCHREI, KEINE KRAFT
ERDULDEND ERMATTEN
IM WARMEN SAFT

HÄTT ICH IHR MEINE LIEBE GESTANDEN
HÄTTE ICH IHRE TRÄUME GETRÄUMT
HÄTT SIE MICH ERHÖRT
HÄTT ALS FREUND MICH VERSTANDEN
NIE HÄTTE ICH SIE
AUS DEM OFEN GERÄUMT

DRUM SAG ICH DIR, MÄDCHEN
WIE ALLEN DEN VIELEN
ICH LIEBE DEIN WESEN
UND DEINE GESTALT
ICH WILL UM DICH SEIN
DICH AM LEBEN GENIESSEN
ICH BIN EIN HALT
BIN EIN HALT
BIN EIN HALT

SEI MEIN FREUND

**HUT TIEF IM GESICHT
JEDES LÄCHELN ZU LAUT
JEDE FARBE ZU SCHRILL
HUNGER, DEN KEINER STILLT
DURST ZERKRATZT MEINE STIMME
ICH TRINKE UND TRINKE
ICH HABE MICH GESTERN
NOCH BESSER GEFÜHLT**

GESTERN WAR ICH NOCH WACH
GESTERN WAR ICH NOCH KLAR
GESTERN WAR ICH NOCH
LAUT UND NIE SATT
GESTERN WAR ICH NOCH HUNGRIG
NACH FARBE UND DUFT
ABER
ICH SOFF MICH MATT

DAS WAR MEIN ZIELLAUF
ZWISCHENSTATION
AUF DEM WEG
DEN ICH MIR SELBER GEB
UND ICH FRAGE MICH LIEBER
NICHT NACH DEM SINN
WIE IMMER HAT MICH
IMMER GRÖSSRES BESIEGT

ALLES GELÖSCHT
ERINNRUNG UND DURST
VÖLLIG NEU UND GEFAHRVOLL
DIE WELT
SO LANGE ES GEHT
BEGINN ICH VON VORN
MEIN RAD DREHT SICH
UND ICH BIN MEIN HELD

WARUM IST ES SO HELL
WARUM ALLES SO GRELL
ICH BEGEHRE NIEMALS
DEN MOMENT
DASS NACH AUSSEN SICH KEHRT
WAS IM INNERSTEN BRENNT
BIS ICH MIR
KEINE FRAGEN MEHR STELL

DIE HEIMFAHRT IST SCHWER
WER FÄHRT, WENN NICHT ICH
UND SCHON SCHENKT DAS LEBEN SICH HIN
EIN TRAMPER MIT HUND
MACHT DIE WELT WIEDER BUNT
EINE NEUE TÜR FÜHRT MICH HIN
ZU DEM
WAS ICH EINSTMALS BIN

ALKOHOL, SEI MEIN FREUND
HIN UND AN IST GENUG
VERBRENN ALLES
WAS ICH NICHT BIN
LÄUTERE MICH
SPÜL DIE SEELE MIR FREI
MANCHMAL GEB ICH MICH
DIR GERNE HIN

SCHERBEN

IN DEINEN AUGEN
STEHT DIE ANGST
ALS WÄR ES GRAD GESCHEHN
DU KANNST NICHT GLAUBEN
WAS GESCHAH
DU KANNST ES NICHT VERSTEHN
DU WEISST NICHT
WER DU BIST
DIE ZEIT ZERBRACH IN DIR
DU SUCHST DICH
UNSICHTBAR DIE TRÄNEN
–
DU BIST NICHT HIER
KEINER WEISS WAS DIR GESCHAH
DU STEHST VOR MIR
DOCH DU
BIST NICHT
DA

DU WARST ALLEIN
WOLLTEST IHM NUR NAHE SEIN
DOCH ER NAHM DICH MIT GEWALT
KEINER DORT GEBOT IHM HALT
SIE SAHEN ZU
WAS ZERBRACH IN DIR WARST DU
DU WARST HILFLOS WIE EINE KIND

OB ICH MICH
JE WIEDERFIND

IN DEINEM HERZEN
LEBT DIE ANGST ALS
WÜRD ES GRAD GESCHEHN
DU KANNST NICHT GLAUBEN
WAS GESCHIEHT
DU WIRST ES NIE VERSTEHN

ES ZERREISST DICH
ES GESCHIEHT
UND DU ZERBRICHST IN DIR
DU VERLIERST DICH
UND FINDEST
KEINE TRÄNEN
KEINE WORTE
KEINER WEISS WAS DIR GESCHAH
DU STEHST VOR MIR
DOCH DU
BIST NICHT
DA

ICH BIN ALLEIN
WAS ICH WEISS WILL ICH NICHT SEIN
WAS ICH WEISS IST WAS GESCHAH
NICHTS IST SONST VON MIR MEHR DA
KEIN WORT KANN JE
SAGEN WEIL ICH NICHT VERSTEH
NUR DAS GRAUEN IST IN MIR

ICH
BIN
DA
UND
DOCH
NICHT
HIER

KURZER GRUSS AUS GROSSER STADT
VIEL MEHR GRÜN MUSS UNTER EUREM
HIMMEL LIEGEN ALS WIR HIER JE ZU SEHEN KRIEGEN
HAUCH UNS DOCH MAL EINEN DEINER GELBEN KREISE
MIT HEISSEM ATEM AN DEN GRAUEN STADTHIMMEL
ES DARF AUCH EINE SONNE SEIN
JA GAR ZU GERNE SÄHEN WIR DEIN ATELIER
DIE WELT IN DER DU SCHWEBST, ADLER
UND DICH BEIM FLIEGEN
INNIGER GRUSS ANS GRÜN, WIR KOMMEN BALD
ODER AUCH NUR ICH AUF FEENFLÜGELN
STATT ADLERSCHWINGEN, FALLS DIE GESCHÄFTE
UNS NICHT DIE FLÜGEL STUTZEN
INZWISCHEN LAUSCHE DU AUF DEINEM FELSEN
OB DIR DER WIND EINEN KLANG ODER SANG ZUTRÄGT
DENN WENN WIR JETZT SPIELEN
DANN MIT DEM SOMMERWIND AUF DER REISE ZU DIR
ADLERBLICK SIEHT WEIT
ADLERHERZ HAT WEITE, WEISS
WIR SIND
DIE GANZE ZEIT
SCHON DA

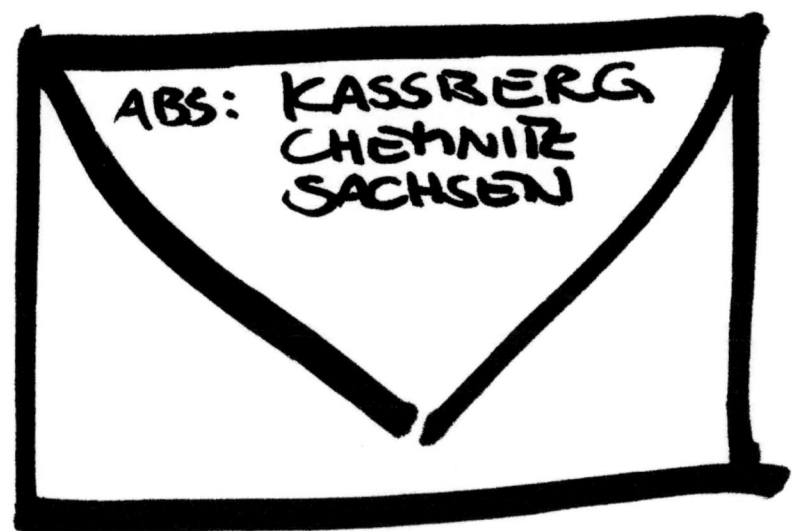

HÖLLE 1

DU HAST MICH IN DIE HÖLLE GESCHICKT
FANDEST EIN GEHEIMES TOR
HAST MIT MIR IN DIE FLAMMEN GEBLICKT
BIS ICH FROR
GEH NÄHER, WIRD WARM, WAREN DEINE WORTE
VERTRAUEND TAT ICH, WIE MIR GEHEISSEN
ALS DIE FLAMMEN MICH FASSTEN
WIE ZÜNGELNDE FESSELN
HÖRT ICH DICH VON DRAUSSEN
DAS TOR ZUSCHMEISSEN

STIRNEKRAUS

STIRNEKRAUS VERGÄNG WÄR ICH MIT DIR
SCHON BEIM DENKEN WIRD MEIN SCHOSS DIR WARM
VERGEHE HIER UND LEID AN MEINER LUST
DAHEIM WÄR ICH IN GLÜCK WÄRST DU NUR HIER
OHN ZÖGERN STREBTE ICH IN DEINEN ARM
SÄNK IN DEINE WÄRME MEINEN MUND AN DEINER BRUST
DEIN HERZ DEIN ATEM
SPIELTEN MIR DIE SCHÖNSTE
MELODIE

NACH ALL DER ZEIT

JAHRELANG GELACHT GEWEINT GESUCHT GEFUNDEN
UM ZU VERLIEREN ODER ZU VERLASSEN
NACH ALL DER ZEIT UNERFÜLLTER ZWEISAMKEIT
ALLEIN UND GERN IN EINSAMKEIT UND MUSSESTUNDEN

ICH HASS ES

**MANCHMAL WÜNSCHT ICH
ES WÄR ALLES SCHON VORBEI
UND ICH WÄRE ENDLICH, ENDLICH FREI**

ICH HASS ES, DASS DER STAAT MICH KONTROLLIERT
ICH HASSE ALL DIE TAUSEND FORMULARE
ICH HASS ES, WIE ER EINEM NACHSPIONIERT
UND UNS ERZÄHLT, DASS EINZIG BARES WAHR IST

**MANCHMAL WÜNSCHT ICH
ES WÄR ALLES SCHON VORBEI
UND ICH WÄRE ENDLICH, ENDLICH FREI**

ICH HASS DIE ÄNGSTE VOR DER GELDNOT MORGEN
ICH HASS DIE MAHNUNGEN DIE STÄNDIG DROHEN
ICH HASS ES, DASS ICH ARBEIT' WIE BESESSEN
UND TROTZDEM REICHT ES GRADE MAL FÜRS ESSEN

**MANCHMAL WÜNSCHT ICH
ES WÄR ALLES SCHON VORBEI
UND ICH WÄRE ENDLICH, ENDLICH FREI**

ICH HASS ES, DASS DAS LEBEN SOVIEL KUMMER BRINGT
DASS MAN SO HART
UM JEDES BISSCHEN FREIHEIT RINGT
EIN WENIG GLÜCK UND RUHE, FREUDE, SICHERHEIT
SIND OHNE KAMPF IN DIESEM LAND NE SELTENHEIT

**MANCHMAL WÜNSCHT ICH
ES WÄR ALLES SCHON VORBEI
UND ICH WÄRE ENDLICH, ENDLICH FREI**

ICH HASS DIE DUMMHEIT, DIE DIE MEDIEN NÄHRT
ICH HASS, DASS KEINER SICH DAGEGEN WEHRT
GEGEN DIE VERBLÖDUNG UND DEN WERTVERFALL
BARBIEPÜPPCHENLÄCHELN ÜBERALL

MANCHMAL WÜNSCHT ICH
ES WÄR ALLES SCHON VORBEI
UND ICH WÄRE ENDLICH, ENDLICH FREI

ICH HASS DIE MÄNNER UND ICH HASS DIE FRAUEN
ICH HASS DIE KARTENHÄUSER DIE SIE BAUEN
ICH HASS DIE PÄDOPHILE MÄNNERWELT
ICH HASS DAS TIER IN UNS. ICH HASSE DIESE WELT

MANCHMAL WÜNSCHT ICH
ES WÄR ALLES SCHON VORBEI
UND ICH WÄRE ENDLICH, ENDLICH FREI

MANCHMAL WÜNSCHT ICH
ES WÄR ALLES SCHON VORBEI
UND ICH WÄRE ENDLICH, ENDLICH FREI
IN DIESER WELT GEHTS NUR UMS FICKEN UND UM GELD
ICH HASS DAS TIER IN UNS
ICH HASSE DIESE WELT

EIN LEBEN GELEBT

DER TAG HALB VORÜBER
DIE ARBEIT GETAN
KEINE PFLICHT, KEINE AUFGABE MEHR
KEINER DER NACH IHR FRAGT
UND KEINER RUFT AN
KEINER BRAUCHT SIE
UND DAS FÄLLT SO SCHWER

DER MANN
LÄNGST SCHON TOT
SOFF SICH KRANK
SCHWERES ENDE
ERST DANN KEHRTE FRIEDEN EIN
ER LÄCHELT VERGILBT
VON DER WAND IN DIE WELT
JUNG UND KÜHN
DAS WAREN ZEITEN

SIE BETRACHTET DIE FOTOS
KENNT JEDES DETAIL
IHRE TOCHTER
DIE LEBT JETZT IM WESTEN
GING FORT MIT DER WENDE
SCHLÄGT SICH DURCH
HAT KAUM ZEIT
KEHRT NICHT UM
HÖCHSTENS OSTERN
VIELLEICHT

SONST KLOPFTE ÖFTER
DIE NACHBARIN AN
JETZT LEBT SIE
BEIM SOHN IN BERLIN
DIE SIEHT SIE NIE WIEDER
DA MÜSSTE SIE SCHON
SELBST IN DIE HAUPTSTADT ZIEHN
DOCH DAFÜR ISTS
LÄNGST SCHON ZU SPÄT

SIE SIEHT DURCHS FENSTER
AUF IHRE FAMILIE
SEIT JAHREN SCHAUT SIE HINAUS
DIE KINDER SIND DA
ESSEN KEKSE UND LACHEN
DA DRÜBEN IM FREMDEN HAUS
UND WISSEN
GAR NICHTS VON IHR

SIE SETZT SICH AUFS SOFA
UND LIEST EINMAL MEHR
WAS DIE EINZIGE ENKELIN SCHRIEB
ALLES GUT IN AUSTRALIEN
VERMISSE DICH SEHR
OMA, ICH HABE DICH LIEB
BESTIMMT KOMM ICH HEIM
IRGENDWANN

DIE LEUTE IM HAUS
ZIEHN EIN UND AUS
DA SIND SO VIELE
DIE FREMD AUSSEHEN
AUS LÄNDERN
DIE SIE NICHT MAL
AUSSPRECHEN KANN
AUCH DIE
WERDEN GEHN
AUF NIMMERWIEDERSEHN
UND SIE KANNTE NICHT MAL
IHRE NAMEN

EIN LEBEN GELEBT
UND ZU ALT FÜR DIE ZEIT
UND DAS ENDE FAST GREIFBAR NAH
EIN LEBEN GEHABT
UND ZU ALT FÜR DIE WELT
UND KEINER IST FÜR SIE MEHR DA

SO EIN MANN

WIEDEREINMAL STEHE ICH VORM SPIEGEL
UND ICH SCHAU WAS MIR AM BESTEN STEHT
WEILS HEUT ABEND ENDLICH EINMAL WIEDER
AUF EINE HEISSE PARTY GEHT
HEUTE ENDLICH FIND ICH MIR DEN MANN
DEN ICH SEIT JAHRN NICHT FINDEN KANN

SO EIN MANN, SO EIN MANN,
DER MIR BLUMEN BRINGT
MIR DIE FÜSSE MASSIERT
MIR EIN SCHLAFLIED SINGT
SO EIN MANN, SO EIN MANN
WÄR DER HAUPTGEWINN
DEN HAB ICH VERDIENT
WEIL ICH WUNDERBAR BIN

ICH WILL IHN NICHT FÜR EINE NACHT
DAFÜR BIN ICH NICHT GEMACHT
NIE WAR MEIN PLAN EIN ABENTEUER
DOCH HEUTE KOMMT EIN MANN INS HAUS, EIN NEUER
HEUTE ENDLICH FIND ICH MIR DEN MANN
DEN ICH SEIT JAHRN NICHT FINDEN KANN

SO EIN MANN, SO EIN MANN....

NUN BIN ICH AUF DER PARTY
MEINE FREUNDIN ALS BEGLEITUNG
ICH FLIRTE MIT DEM EINEN
MENSCH, HAT DER LANGE LEITUNG
ICH SEH, SEIN INTERESSE STEIGT
ER LÄCHELT LEICHT VERLEGEN
SEIN BLICK- ICH KENN DIE MÄNNER- ZEIGT
ER WIRD SICH GLEICH BEWEGEN
HEUTE ENDLICH FIND ICH MIR DEN MANN
DEN ICH SEIT JAHRN NICHT FINDEN KANN

TATSÄCHLICH, LÄSSIG KOMMT ER
SEIN LÄCHELN WIRD VERWEGEN
ER KOMMT- ZU MEINER FREUNDIN!
ICH KÖNNT IHN GLATT ZERSÄGEN!
DANN SPÜRE ICH, ER WILL DOCH MICH
FÜR EIN GESPRÄCH GEWINNEN
HOLT ROTEN WEIN FÜR MICH UND SICH
DER ABEND KANN BEGINNEN
HEUTE ENDLICH FIND ICH MIR DEN MANN
DEN ICH SEIT JAHRN NICHT FINDEN KANN

SO EIN MANN, SO EIN MANN
DER MIR BLUMEN BRINGT
MIR DIE FÜSSE MASSIERT
MIR EIN SCHLAFLIED SINGT
SO EIN MANN, SO EIN MANN
WÄR DER HAUPTGEWINN
DEN HAB ICH VERDIENT
WEIL ICH WUNDERBAR BIN

DENN ALLES WAS ICH SUCHE
VIELLEICHT WINKT MIR HEUT DAS GLÜCK
IST EIN MANN, EIN LIEBER, TREUER
UND WOMÖGLICH AUCH NOCH SCHICK

JA SO EIN MANN, SO EIN MANN
DER MEIN AUTO BAUT
UND MICH ZÄRTLICH KÜSST
DER KRIEGT MICH ALS BRAUT
SO EIN MANN, SO EIN MANN
IST EIN HAUPTGEWINN
DEN HAB ICH VERDIENT
WEIL ICH WUNDERBAR BIN

WENN ES NACHT WIRD

WENN ES NACHT WIRD SCHLÄFT DIE WIESE

BLÜTEN SCHLIESSEN SICH GANZ SACHT
WIRD ES NACHT

IN MEINEM KLEINEN WAGEN

IN MEINEM KLEINEN WAGEN
SITZ ICH BEIM FAHRER VORN
SO WEIT UNS DIE SPRITPREISE TRAGEN
HAM' WIR ZU HAUSE NICHTS VERLORN
FELDER WIESEN UND AUEN - 100 PS 1000 VOLT
I: BALD MÜSSEN WIR BENZIN UNS KLAUEN
ABER DER WAGEN DER ROLLT :I

DIE KNEIPER IN DEN SCHENKEN
BUCHEN MICH WIE IM FLUG
SINGE EUCH IRISCHE WEISEN
LEERE MIT EUCH MANCHEN KRUG
KOMM BALD WIEDER NACH EUCH SCHAUEN
BLEIB EUCH GERNE HOLD
I: ZWAR MUSS ICH DAS BENZIN BALD KLAUEN
ABER DER WAGEN, DER ROLLT :I

ICH HÖR EUCH SO GERNE SINGEN
AUCH MIT BASSGEBRUMM
LASST EURE STIMMEN ERKLINGEN
TANZT UND SPRINGT HERUM
IHR MÄNNER UND IHR FRAUEN
JAUCHZET UND LACHT UND TOLLT
I: ZWAR MUSS ICH DAS BENZIN BALD KLAUEN
ABER DER WAGEN, DER ROLLT :I

SASS EINMAL EIN GERIPPE
IN MEINEM WAGEN VORN
SCHWANG EINE GROSSE LIPPE
SAGTE JETZ WÄRE ICH GESTORM
SPRACH ICH: DEN SPRIT ZAHLST DU SELBER
SONST WERD ICH NICHT GEHOLT
I: DA IST ER LIEBER WIEDER AUSGESTIEGEN
ABER DER WAGEN, DER ROLLT :I

DAS MUSS ICH NICHT HABEN
DER ALKI AN DER RATHAUSECKE
WAR PFÖRTNER IM VEB STRUMPFKOMBINAT
HIER IM KALTEN HERZEN DER STADT
VERPRASSEN DIE ANDERN IHRE WENIGEN GROSCHEN
AN BRÄUNUNGSCREME UND CHICKE KLAMOTTEN
ER TRÄGT ALTE GALOSCHEN DIE LANGSAM VERROTTEN
UND WÜRDE SEINE SEELE VERKAUFEN
FÜR N PAAR EURONEN, N PAAR CENT ZUM VERSAUFEN
ABER WAS GEHTS MICH AN
KANN ICH WAS DAFÜR? GEHT MICH DOCH NIX AN
WENN ER SEIN LEBEN NICHT IN DEN GRIFF KRIEGT
NICHT MAL NEN EIN-EURO-JOB KRIEGT
SOLL ER DOCH NE ENTZIEHUNGSKUR MACHEN
ICH HAB SCHLIESSLICH AUCH NIX ZU LACHEN
MUSS MIR MEINE BRÖTCHEN VERDAMMT HART VERDIENEN
UND DIESES ELEND MUSS ICH NICHT HABEN
DAS WILL ICH NICHT WISSEN
DAS MUSS ICH NICHT SEHN
DER TYP AN DER KASSE IM SELBSTGESPRÄCH
BAUT BILLIGEN SCHNAPS UND BIER AUFS BAND
UND STINKT ERBÄRMLICH NACH KNEIPE UND SCHWEISS
DIE ANDEREN WECHSELN VERSTOHLENE BLICKE
FINDEN IHN EKLIG, ERBÄRMLICH, ABSCHEULICH
MEIN GOTT, SIEHT DER KERL VERKOMMEN AUS
DER MACHTS NICHT MEHR LANGE
SIEHT KRANK AUS, DER MANN
ABER WAS GEHTS MICH AN
WER WILL SCHON WISSEN, WARUM DER TYP AUFGIBT
UND SICH EINEN AUSGIBT UND SICH EINEN DRAUFKIPPT
NICHT MAL NEN EIN-EURO-JOB KRIEGT
SOLL ER DOCH NE ENTZIEHUNGSKUR MACHEN
ICH HAB SCHLIESSLICH AUCH NIX ZU LACHEN
MUSS MIR MEINE BRÖTCHEN VERDAMMT HART VERDIENEN
UND DIESES ELEND MUSS ICH NICHT HABEN
DAS WILL ICH NICHT WISSEN
DAS MUSS ICH NICHT SEHN

DER JUNGE KERL MIT DEN SCHÖNEN AUGEN
MARSCHIERT IN DIE BANK, WO NE SCHLANGE STEHT
GEHT GANZ VOR AN DEN SCHALTER, SAGT:
"KARTE WEG, ALTER, CHECK MAL, OB WAS GEHT"
ES GEHT NICHTS, UND ER STEHT WIEDER
AUF DER STRASSE
MIT FREUNDEN, HUNDEN, BIER
KEINE HOFFNUNG IM BLICK
GRADE ZWANZIG JAHRE-
NA UND, KANN ICH WAS DAFÜR?
WER WILL DENN DAS SCHON WISSEN
UND WAS GEHT ES MICH DENN AN
DASS DER EINE NICHT DARF
UND DER ANDRE NICHT KANN?
ICH HAB SCHLIESSLICH AUCH NIX ZU LACHEN
MUSS MIR MEINE BRÖTCHEN VERDAMMT HART VERDIENEN
UND DIESES ELEND MUSS ICH NICHT HABEN
DAS WILL ICH NICHT WISSEN
DAS MUSS ICH NICHT SEHN
NACHTS FAHR ICH NICHT GERNE AN DIE TANKE
DA STEHN SIE, DIE MÄDELS,
BLUTJUNG UND HALB NACKT
MIT 17 VERSACKT UND VERKAUFT UND VERLOREN
ZUM HUREN GEBOREN
ES GEHT MICH NIX AN UND ICH WILL ES NICHT WISSEN
UND HEUL IN MEIN KISSEN.
MIR GEHTS AN DIE NIEREN
VON JETZT AUF GLEICH KANN JEDER ALLES VERLIEREN
VIELLEICHT GEHTS AUCH MIR
SCHON MORGEN BESCHISSEN
DAS WILL KEINER WISSEN. DAS WILL KEINER SEHN

WO DER LEUCHTTURM STEHT

```
        WO DER LEUCHTTURM STEHT
          ARKONA ÜBERM MEER
      WEISSE FELSEN WEITHIN GRÜSSEN
           DORT MEIN GELIEBTER
      WERD ICH DICH NIE WIEDER SEHN
     DORT LAG UNS DIE OSTSEE ZU FÜSSEN


          SEIT WIR UNS TRENNTEN
          DEN SANDHELLEN STRAND
                 IM BLICK
    HOCH VOM KIEFERNDICHT BESTANDENEN WALD
   KLANG MIR NIE MEHR EIN LIEBESLIED IM WIND
      AN DEN WEISSEN GESTADEN DER OSTSEE


        DIE WÄLDER SINGEN UNSER LIED
        DEIN DUFT LIEGT IM SOMMERWIND
       DIESER ABEND SCHMECKT NACH DAMALS
          EIN GEBROCHNES HERZ IST KEINS
          SOLL ICH DICH NIE WIEDER SEHN
      AN DEN WEISSEN GESTADEN DER OSTSEE
```

ZIMTHAARMÄDCHEN

DU HAST LOCKENES, ZIMTROTES HAAR, MEIN KIND
ACH MÄDCHEN, WAS BIST DU SCHÖN
DU SOLLTEST IN DIESER ZEIT, MEIN KIND
NICHT UNTER MENSCHEN GEHEN

DIE NACHBARIN NEIDET DIE ROTE PRACHT
AUS MISSGUNST NUR WIRST DU VERLACHT
SETZ DEINE HAUBE FEST AUF, MEIN KIND
IN DEINEM HAAR SPIELT SO GERNE DER WIND

DU HAST LOCKENES, ZIMTROTES HAAR, MEIN KIND
ACH MÄDCHEN, WAS BIST DU SCHÖN
DU SOLLTEST IN DIESER ZEIT, MEIN KIND
NICHT UNTER MENSCHEN GEHEN

DIE MÄNNER IM DORF SCHAUN DIR NACH, MEIN KIND
SIE WÜNSCHEN SICH IN DEIN GEMACH, MEIN KIND
SETZ DIE HAUBE FEST AUF, GANZ FEST, MEIN KIND
WEIL NEIDISCHE WEIBER TÖDLICH SIND

DU HAST LOCKENES, ZIMTROTES HAAR, MEIN KIND
ACH MÄDCHEN, WAS BIST DU SCHÖN
DU SOLLTEST IN DIESER ZEIT, MEIN KIND
NICHT UNTER MENSCHEN GEHEN

DU BIST SCHÖN, MEIN KIND, STRAHLST WIE EIN STERN
DU BIST GUT, HAST ALLES LEBENDIGE GERN
DOCH DIE SCHWARZE KATZE VOM MÜLLER ZU RETTEN
WIRD DICH NUN AUF HEISSE ASCHE BETTEN

DU HAST LOCKENES, ZIMTROTES HAAR, MEIN KIND
ACH MÄDCHEN, WAS BIST DU SCHÖN
DU SOLLTEST IN DIESER ZEIT, MEIN KIND
NICHT UNTER MENSCHEN GEHEN
DU BIST SCHÖN, MEIN KIND, STRAHLST WIE EIN STERN
UND DER ROTE HAHN HAT DICH ZUM FRESSEN GERN

KLEINE SONNE

HIER NEN DÜBEL, DA EIN BIERCHEN
MIT DEN JUNGS VON 20 JAHREN
IN DEN CLUBS MIT DROGENNAMEN
JEDEM TIERCHEN SEIN PLÄSSIERCHEN
ANTI- FLEISCH UND ANTI- AMI
ANTI- KRIEG, PRO-ANARCHIE
DISKUTIERN, PHILOSOPHIEREN
DOCH WAS TUN SEH ICH DICH NIE

WAS IST MIT DEN GROSSEN TRÄUMEN
EIN REBELL UND FREI ZU SEIN
SINGST DIE LIEDER LEISE
UM DIR IRGENDWIE NOCH TREU ZU SEIN

FRÜHER WARST DU MAL SO FRÖHLICH
VOLLER NEUGIER WAR DEIN BLICK
EIN TANZ WARN DEINE SCHRITTE
UM DICH WAREN LICHT UND GLÜCK
HEUTE SCHNEIDEST DU DIR WUNDEN
HEUTE MACHST DU LIEBER BLAU
GLAUBST SCHON JEDEN STEIN GEWENDET
ALLES IST GRAU IN GRAU

HIER NEN DÜBEL, DA EIN BIERCHEN...

FRÜHER WARST DU VOLLER HOFFNUNG
WOLLTEST ALLES ÄNDERN
JETZT HAST DU AUFGEGEBEN
FÜR NE WELT MIT SCHWARZEN RÄNDERN
JETZT WEINST DU HEISSE TRÄNEN
DEIN HERZ BRICHT JEDEN TAG
DEIN GLAS IST HALB ZUR NEIGE
HASST DICH SELBST, WÜNSCHST DICH INS GRAB

HIER NEN DÜBEL, DA EIN BIERCHEN...

WO IST DEINE LAUTE STIMME
WO DEIN FRECHES LACHEN
WO SIND DEINE IDEALE
ALLES WOLLTST DU BESSER MACHEN
WAS IST MIT DEN GROSSEN PLÄNEN
DICH FÜR GUTES EINZUBRINGEN
HALLO GREENPEACE, SCHÜTZT DIE WÄLDER
DAFÜR WOLLTST DU KÄMPFEN, SINGEN

HIER NEN DÜBEL, DA EIN BIERCHEN
MIT DEN JUNGS VON 20 JAHREN
IN DEN CLUBS MIT DROGENNAMEN
JEDEM TIERCHEN SEIN PLÄSSIERCHEN
ANTI- FLEISCH UND ANTI- AMI
ANTI- KRIEG, PRO-ANARCHIE
DISKUTIERN, PHILOSOPHIEREN
DOCH WAS TUN SEH ICH DICH NIE

KLEINE SONNE, KLEINES MÄDCHEN
GIB NICHT AUF LÄNGST VOR DER ZEIT
KLEINE SONNE, KLEINES MÄDCHEN
SCHLAG DICH NICHT MIT DROGEN BREIT
KLEINE SONNE, KLEINES MÄDCHEN
GLAUB AN DICH, ICH WEISS GENAU
IN DIR STECKT NE GROSSE WEISE
NE MUTIGE UND STARKE FRAU

HIER NEN DÜBEL, DA EIN BIERCHEN...

WAS IST MIT DEN GROSSEN TRÄUMEN
EIN REBELL UND FREI ZU SEIN

ICH TRAU MIR NICHT

WIE KANN ES SEIN, DASS ICH SO DEUTLICH SEH
WIE ICH MIT DIR VERBORGNE WEGE GEH
DIE ICH NICHT KENN, DIE DU NICHT WEISST
DIE DU NICHT WEISST, DIE ICH NICHT KENN
WEISS NICHT MAL WIE DU HEISST
OBWOHL ICH DICH BEIM NAMEN NENN

ICH SEHN MICH SO, DASS ES MICH SCHMERZT
KAUM SCHLAF ICH NOCH, DENK NUR AN DICH
WÄR UNGESTÜM ICH UND BEHERZT
ICH WAGTE ES, ICH TRAUTE MIR

ICH SAGTE DIR, ICH LIEB DICH SO
ICH BIN KEIN KIND, KENN DIE GEFAHR
ERTRÄUMTES WIRD ZU WIRKLICHKEIT
AUS WAHREM WIRD SO SCHNELL ´ES WAR´

ACH LIEBER TRÄUM ICH MEINEN TRAUM
ACH LIEBER DU, DORT BIST DU MEIN
ICH LÄCHLE DIR SANFT INS GESICHT
WER BIN ICH SCHON, ICH TRAU MIR NICHT

DENKVERBOT

FRAUENSTIMME
MÄNNERSTIMME

FRAU SOLL SCHÖN SEIN
FRAU SOLL JUNG SEIN
ATTRAKTIV
SOLL NICHT SCHLAU SEIN
NIEMALS RAU SEIN
POSITIV
FRAU SOLL KOKETT SEIN
GUT IM BETT SEIN
DEVOT
FRAU SOLL NETT SEIN
ADRETT SEIN
DANN IS ALLES IM LOT
FRAU SOLL SICH PFLEGEN
KIND MANN HAUSHALT HEGEN
SONST TUTS KEINE NOT

MÄDCHEN KOMMT ZUR WELT
KEINER DER DEN STAMMBAUM HÄLT
MÄDCHEN SCHREIT ZU VIEL
EMANZE SEIN IST WOHL IHR ZIEL
MÄDCHEN SCHWEIGT ZU VIEL
IM MITTELPUNKT SEIN IST IHR ZIEL
MÄDCHEN TOBT ZU VIEL
EIN JUNGE SEIN IST WOHL IHR ZIEL
MÄDCHEN LACHT ZU VIEL
DIE MÄNNER REIZEN IST IHR ZIEL
MÄDCHEN LERNT ZU GUT
MÄNNER SEID ALL AUF DER HUT
MÄDCHEN WEISS ZU VIEL
EIN MÄNNERFEIND SEIN IST IHR ZIEL
MÄDCHEN WEINT ZU VIEL
HAT KEINEN SPASS AM ONKELSPIEL

JUNGE FRAU GEHT ZU OFT AUS
ES BRAUCHT EINEN MANN IM HAUS
JUNGE FRAU LIEBT GERNE MÄNNER
HURE SAGT DER FRAUENKENNER
JUNGE FRAU IST SCHWANGER SCHON
WILL UNTERJOCHEN ADAMSSOHN
JUNGE MUTTER VERDIENT KEIN GELD
SCHULD EIGEN, WEISS NICHTS VON DER WELT
WOHNUNG IST ÄRMLICH
HEISST WEIB IST ERBÄRMLICH

MANN GEHT FREMD
WEIB HAT SEINE LUST GEHEMMT
MANN PFLEGT SICH NICHT
SCHULD HÖHNT MAN IHR INS GESICHT
MANN SÄUFT STÄNDIG SCHNAPS UND BIER
DAS LIEGT AN IHR

KIND BENIMMT SICH NICHT
ERZIEHUNG IST GLEICH FRAUENPFLICHT
KIND BAUT MIST
FRAU IST DIE DIE SCHULDIG IST
KIND SCHREIBT NOCH NE VIER
SCHULD BEI IHR
KIND HAT GELOGEN
FRAU HAT GEWISS IHR LEBEN LANG BETROGEN

MANN HAT FRAU GESCHLAGEN
FRAU HAT IHN GEREIZT
SOLL NUN NICHT KLAGEN
FRAU ZIEHT VOR GERICHT
KEINE BEWEISE
NIEDERGELEGT
RECHT BEKOMMT SIE NICHT

MANN SCHLÄGT KIND
FRAU ZEIGT MANN AN
NIEDERGELEGT
WEIL KINDERAUSSAGE
NICHTS BEWEISEN KANN
MANN MISSBRAUCHT KIND
FRAU ZEIGT MANN AN
NIEDERGELEGT
WEIL KINDERAUSSAGE
NICHTS BEWEISEN KANN
FRAU WURDE ÜBERFALLEN
WAS PUTZ SIE SICH HERAUS
GEFÄLLT DOCH ALLEN
FRAU WURDE GESCHÄNDET
KONNTE JEDER SEHN
DASS DIE SO ENDET
FRAU WURDE TOTGESCHLAGEN
KEINER KONNTE DIE ERTRAGEN

FRAU SOLL NUR SCHÖN SEIN
SOLL NUR JUNG SEIN
ATTRAKTIV
FRAU SOLL NICHT SCHLAU SEIN
NIEMALS RAU SEIN
POSITIV
FRAU SOLL KOKETT SEIN
GUT IM BETT SEIN
DEVOT
FRAU SOLL STETS NETT SEIN
UND ADRETT SEIN
DANN IST ALLES IM LOT
FRAU SOLL SICH PFLEGEN
KIND MANN HAUSHALT HEGEN
B E I   D E N K V E R B O T

GEH NICHT FORT

ICH LASSE MICH SO SELTEN EIN
UND LASS ICH MICH
SO SOLLS NICHT SEIN
SO SCHEINTS

ICH SAG SO SELTEN
SAGE ICH
SO IST DA KEIN
GEGENWORT
NUR SCHWEIGEN
ICH BINS GEWOHNT

UND WENN ICH SAG
UND WENN ICH ZEIGE
WER IST DENN DORT
WO IST MEIN ORT
ICH SCHWEIGE

DIE BÜHNE IST
ICH BIN SO OFT
NICHT DAHEIM
HAB GEHOFFT
DU LÄSST MICH NICHT
ALLEINE

KEIN BÖSES WORT
BLEIB NOCH DA
GEH NICHT
FORT
ICH WEINE

ALTE WUNDE

IST SCHON EINE ALTE WUNDE
LEBE EINFACH DRÜBER HIN
OBGLEICH ICH ZU DIESER STUNDE
IMMERNOCH AM BLUTEN BIN

NIEMAND HAT SIE JE GESEHEN
DIE MIR DIESEN HIEB GESCHLAGEN
KEINER WILL DARUM VERSTEHEN
WORAN MEINE KRÄFTE ZAGEN

NIEMAND HAT SIE JE GESEHEN
DARUM GLAUBT IHR ICH ALLEIN
HABE MIR DIE TODESWUNDE
ZUGEFÜGT. SO MUSS ES SEIN

WAS IHR NICHT IN EUREM KLEINEN
FEINEN SAUBREN LEBEN WOLLT
STELLTS ALS LÜGE AN DEN PRANGER
SEID ALS IRRSINN IHM ABHOLD

DENKT, ICH SEI DEM WAHN VERFALLEN
GLAUBT, DÄMONEN SIND IN MIR
SCHENKT MIR MITLEID NOCH VOR ALLEM
FREUEN WIRDS DAS UNGETIER

SEID DIE NÄCHSTEN BALD SCHON IHR?

WEITES LAND

EINST FUHR ICH ÜBER LAND
UND HÖRT' EIN MÄDCHEN KLAGEN
LIEBSTER, ACH KANNST DU MICH WOHL HÖRN
BIST AN EINEM DÜSTREN ORT
OH SIE NAHMEN DICH MIR FORT
ES IST EINSAM HIER IM GRÜN UM ATHENRY

LIEBSTER, ACH KANNST DU MICH HÖRN
HINTER SCHWERE MAUERN, EISEN UND STEIN
HAT MAN DICH VERBANNT. AUS NOT
STAHLST DU FÜR DIE KINDER BROT
ES IST EINSAM HIER IM GRÜN UM ATHENRY

LIEBSTE, ACH KANNST DU MICH HÖRN
AN DEN KALTEN FELSEN LEG ICH DIE HAND
DU BIST FREI, DRUM SORG DICH NICHT UM MICH
ICH LEHNT MICH AUF GEGEN DEN HERRN
NUN BIN VON DIR, MEIN LIEB, ICH FERN
ZIEH UNSER KIND MIT STOLZ UND LIEBE GROSS

LIEBSTER, ACH KANNST DU MICH HÖRN
HINTER SCHWEREM HOLZ IM BRANDEN DER SEE
EIN STURM KOMMT AUF UND SPÜLT DICH FORT VON MIR
FÜR DIE KINDER STAHLST DU BROT
NUN TRÄGT DICH DAS STRÄFLINGSBOOT
DAVON- WERDEN WIR UNS JE WIEDER SEHN

WEITES LAND UM ATHENRY
DU UND ICH, HAND IN HAND, KÜHN UND FREI
UNSER LIED KLINGT NOCH IM WIND
DASS WIR EINS AUF IMMER SIND
ES IST EINSAM HIER IM GRÜN UM ATHENRY

WARUM ICH KEIN STAR BIN

EIN WEIBLICHER STAR IN DER POPMUSIK- SZENE
HAT RIESIGE TITTEN UND GANZ LANGE BEENE
UND TRÄGT SPITZENDESSOUS ODER FLATTERHEMDEN
DIE GANZ KNAPP UNTER DEN NIPPELN ENDEN
ALSO TRÄGT NUR EIN FLATTERHEMD ODER DESSOUS
HABS IM FERNSEHN GESEHN, UND ICH DACHTE, ICH TUS

SO BIN ICH IM SCHLÜPFER ZUM CASTING GEGANGEN
ABER DIE HAM SOFORT MIT KRITIK ANGEFANGEN
UND ICH DACHTE MIR, WO BIN ICH DENN NUR
BIN ICH FALSCH, IST DAS NE MODELL- AGENTUR?

NACH AUSFÜHRLICHER FLEISCHBESCHAU
DURFT ICH TATSÄCHLICH AUCH WAS SINGEN
UND DAS LÖSTE ICH GANZ SCHLAU:
HAB MIT VIEL GEFÜHL CONNY KRAMER GESUNGEN
MIT TRÄNENDEN AUGEN DIE HÄNDE GERUNGEN
UND DAS BESTE KAM AM ENDE VON ALLEM-
WO ER STIRBT, BIN ICH AUF DIE KNIE GEFALLEN!
DA MEINTEN SIE, DAS WÄR SCHON GANZ SCHÖN
UND KÖNNT' IN DER HEUTIGEN BRANCHE BESTEHN

SO SAGTEN SIE, SIE WOLLN INVESTIEREN
ABER SIE MÜSSTEN MICH ERST OPERIEREN
IN DIE BLUS' SOLLTEN 5 KILO SILIKON
NEE, HAB ICH GESAGT, MACHT EUCH SELBER ZUM CLOWN
EINE KRITIK AN MEIN' KLEINEN TITTEN
MUSSTE ICH MIR JA NUN STRENGSTENS VERBITTEN
SCHLIESSLICH IST DAS ALLES NATUR
ABER DAFÜR EBEN NE HANDVOLL NUR

DIE MÄNNER SEHN MICH EBEN LIEBER VON HINTEN
UND OB SIE MEIN HINTERTEIL BESSER FINDEN
MAN KÖNNT MICH BEIM SINGEN VON HINTEN BELICHTEN
DAS GING ABER NIEMALS UND MITNICHTEN

SO WURD ICH KEIN STAR IN DER POPMUSIK-SZENE
UND SINGE NUN IN DER PUBMUSIK- SZENE

UND WISST IHR WAS
JETZT KOMMT NOCH WAS ZUM LACHEN
AUS NER HEIDELERCH
KANN MAN KEIN' STAR NICHT MACHEN!

ZEIT VOR DER ZEIT

ICH WILL NICHT DAGEGEN SIEGEN
KENNE DEIN GESICHT
KANN MICH NICHT BELÜGEN
ERINNERST DU DICH NICHT

AN EINEM ALTEN ORT IN EINER
ZEIT DIE ZEITLOS WAR
WAR EIN SCHATTEN HINTERM FEUER
TRAUMGESICHT SO NAH
TRÄGST MICH IN DIR, ICH KANN FÜHLN
WIE DU IM FEUERSCHEIN
EINEN WEG SUCHST, MICH ZU FINDEN
DU WILLST BEI MIR SEIN

AN EINEM ALTEN ORT IN EINER
ZEIT NOCH VOR DER ZEIT
SAHN WIR UNS AM FEUER
UND WARN NOCH NICHT BEREIT
HEUTE SUCH ICH DEINE HÄNDE
IMMER DIESER TRAUM
DIE LEGENDE KENNT KEINE ENDE
FÜHRT DURCH ZEIT UND RAUM

AN EINEM ALTEN ORT IN EINER
ZEIT NOCH VOR DER ZEIT
SUCHST DU NACH EINEM WORT DAS FÄNDE
MICH IN MEINER ZEIT
DOCH NICHT MEHR ALS UNSRE HÄNDE
FINDEN SICH IM TRAUM
WÜNSCHST DIR, DASS DAS BLATT SICH WENDE
MAGIE TRENNT ZEIT UND RAUM

HEUT SAH ICH DICH IN DEN STRASSEN
BLICKTEST MICH SO SELTSAM AN
GEH AN DEN ORT DER ALTEN TRÄUME
SAG, ERINNERST DU DICH DANN
HAB GESUCHT UND DICH GEFUNDEN
DOCH NOCH ÄNGSTIGT DIESES BAND
GEH AN DEN ORT DER ALTEN TRÄUME
WO ICH UNS DEN SCHLÜSSEL FAND

FÜR DICH

DU KOCHST MIR KAFFEE, ODER HUSTENTEE
DU MACHST MIR BAGUETTE, DU BIST IMMER NETT
DU STREICHELST MICH, WEIL ICH DAS MAG
SAGST MIR 'ICH LIEB DICH' JEDEN TAG
DU BRINGST MIR BLUMEN, EINFACH SO
WIES MIR AUCH GEHT, DU MACHST MICH FROH

DU TUST ALLES – FÜR MICH

DU KLÄRST DIE ANRUFE FÜR MICH
DU KAUFST EIN, DECKST UNS DEN TISCH
DU WECKST DIE KINDER IN DER FRÜH
DU WEISST DAS SCHAFF ICH EINFACH NIE
DU LÄSST MICH SEIN, WENN ICH DAS BRAUCH
LÄSST MICH RAUCHEN, WENN ICH RAUCH
LÄSST MICH TRINKEN, WENN ICH WILL
BIN ICH MAL LAUT, DANN BLEIBST DU STILL

DU MACHST ALLES- FÜR MICH

DU BIST GERNE MEIN CHAUFFEUR
DU SCHLEPPST AN DER TECHNIK SCHWER
DU BAUST MIR DIE BÜHNE AUF
NIMMST DAS NACHTLEBEN IN KAUF
IMMER NIMMST DUS MIT GEDULD
NIEMALS GIBST DU MIR DIE SCHULD
NIEMALS ZWINGST DU MIR WAS AUF
LÄSST MIR EINFACH MEINEN LAUF

ALL DAS TUST DU- FÜR MICH

DAFÜR DANK ICH DIR JETZT MAL
VON DER BÜHNE IN DEN SAAL
SING ICH LAUT, WAS ICH DIR SCHRIEB

DU, ICH HAB DICH RIESIG LIEB

RENÉ, DANKE! ICH LIEBE DICH!

MÜDE

ICH BIN SCHON SO MÜDE
LASST MICH MIT EUREN DISSKUSSIONEN
WO DIE WAHREN KÜNSTLER WOHNEN
ES GIBT KEINE DEFINITIONEN

ICH BIN SCHON SO MÜDE
WO IST DER SINN DES LEBENS
DIE FRAGE IST VERGEBENS
BIN SO MÜDE SCHON

ICH BIN SCHON SO MÜDE
DIE GESCHICHTE WIEDERHOLT SICH
NUR EIN RAD IM UHRWERK BIN ICH
BIN SO MÜDE SCHON

ICH BIN SCHON SO MÜDE
FREUD UND LIEB ZU GEBEN
FÜR MOMENTE AUFZULEBEN
BIN SO MÜDE SCHON

ICH BIN SCHON SO MÜDE
BRANNTE STETS AN BEIDEN ENDEN
WOLLTE IMMER MICH VERSCHWENDEN
BIN SO MÜDE SCHON

WIR

WIR HABEN 1000 WORTE, WIR HÖRN DIE ANDREN NICHT
WIR HABEN 1000 FRAGEN
WIR HÖRN DIE ANDREN NICHT
WIR HABEN 1000 ÄNGSTE
DIE WIR UNS NICHT EINGESTEHN
HABEN VIELE NÖTE, DIE WIR SELBST NICHT SEHN

IST DIE ANGST VOR MORGEN
SCHWEIGT MAN LIEBER STILL
SIND SO VIELE SORGEN, DIE MAN NICHT SAGEN WILL
SIND SO VIELE WORTE, DIE MAN LIEBER SCHWEIGT
SIND SO WUNDE PUNKTE, DIE MAN KEINEM ZEIGT

SIND SO VIELE ÄNGSTE, KANN MAN GUT VERSTEHN
SIND SO VIELE NÖTE, IST UNS LEID GESCHEHN
SIND SO VIELE WORTE, ZU SAGEN WAGT MANS NICHT
SIND ZU VIELE WORTE
DIE MAN NICHT LEICHTHIN SPRICHT

SIE WOLLEN ALLES, DOCH MAN IST NUR SPIEGELBILD
DAS SICH MIT IHREN WORTEN, IHREN BILDERN FÜLLT
AUGENBLICK DES SCHWEIGENS
DEN EIN LÄCHELN BRICHT
FÜR LAUTE DERBE KLÄNGE
REICHT DIE WUT NOCH NICHT

WEISS SO VIELE ÄNGSTE, KANN SO GUT VERSTEHN
WEISS SO VIELE NÖTE, IST SO VIEL GESCHEHN
WEISS SO WEISE SPRÜCHE, LÄCHELT LEIS
WEISS DASS MAN WEISS DASS MAN NICHT WEISS

IST SO VIEL ZU SAGEN, SIND DIE WORTE NICHT
IST SO VIEL ZU FRAGEN, SIND DIE WORTE NICHT
SIND SO VIELE ÄNGSTE, UND DU MUSST SIE SEHN
SIND SO VIELE NÖTE,
MUSST VERSUCHEN ZU VERSTEHN

WARN SO VIELE FRAGEN ALS TRAUER IN DEN AUGEN
(MANCHE FRAGEN FRAGT MAN BESSER NICHT)
WAR SO VIEL ZU SAGEN, WAR KEIN WAHRER GLAUBEN
(MANCHE WAHRHEIT WAGT MAN BESSER NICHT)
WAR SO VIEL AN ANGST ALS DASS KEINER SAH
(MANCHE WEGE GEHT MAN BESSER NICHT)
DASS DER WAHNSINN
WOHL DER WEISHEIT MUTTER WAR

**IST SO VIEL ZU FRAGEN, SIND DIE WORTE NICHT
IST SO VIEL ZU SAGEN, SIND DIE WORTE NICHT
SIND SO VIELE ZWEIFEL, KEINER WIRD ES SEHN
EIN WEISER RAT IN HEISSER NOT HEISST:
WEITER GEHN!**

I'M JUST FUEL IN YOUR TANK
I'M RUNNING I'M CRYING I'M FALLING
I'M TIRED OF SEARCHING FOR YOU
I'M LOST IN THIS CROWD OF STRANGERS
FRIENDS OF YOU FRIENDS OF YOU FRIENDS OF YOU
YOU PERSUADED ME TO JOIN YOU
I CAME TO THIS PARTY WITH YOU
NOW I'M LOST IN THIS MADHOUSE OF ACTORS
NOONE'S TRUE NOONE'S TRUE NOONE'S TRUE
YOU'VE GOT THE KEY TO ESCAPE HERE
YOU FORCE ME TO STAY IN THIS SHOW
YOU ARE HIDING AMONG YOUR MAD MATES
LET ME GO LET ME GO LET ME GO
YOU ABUSE ME, I'M FUEL IN YOUR TANK ON YOUR WAY
AND YOU WON'T STOP SO THAT I COULD LEAVE
AND IT SEEMS AS IF I RISK TO JUMP OUT
AND DON'T STAY
I'LL FINALLY END UP IN HEAVEN
AS YOU PROMISED YOU'LL TAKE ME TO HEAVEN
NOW I KNOW IT WAS WRONG TO TRUST YOU
NOW I KNOW AND I SHOUT IT OUT LOUD
NOW I KNOW YOU'RE THE DEVIL, ABSORBING MY SOUL
GET ME OUT GET ME OUT GET ME OUT
IN THE OVERTAKING LANE
DEADLY FAST MADLY QUICK
I'M JUST FUEL IN YOUR TANK
BURNING DOWN, RUNNING LOW, GETTING SICK
;O) WENN MAN SICH AUF DIE ÜBERSETZUNGSMASCHINE VERLASSEN WILL;O):
Ich bin GERADE IN YOUR TANK FUEL
Ich laufe ich weine ich falle
Ich bin müde von der Suche FOR YOU
Ich bin in diesem Menge von Fremden LOST
FRIENDS OF YOU FRIENDS OF YOU FRIENDS OF YOU
Sie überzeugt ME TO YOU JOIN
Ich kam zu diesem PARTY WITH YOU
Jetzt bin ich IN DIESEM MADHOUSE DER SCHAUSPIELER LOST
NOONE'S TRUE NOONE'S TRUE NOONE'S TRUE
Sie haben die KEY TO HERE ESCAPE
Sie zwingen mich, in dieser Show STAY
Sie gehören zu IHRE MAD MATES HIDING
LET ME GO LET ME GO LET ME GO
Sie Missbrauch mir, ich bin FUEL IN YOUR TANK ON YOUR WAY
Und du wirst nicht so stoppen, dass ich VERLASSEN
Und es scheint, als ob ich zu springen RISIKO
UND NICHT BLEIBEN
I'LL schließlich in HEAVEN
Wie du versprochen SIE TAKE ME TO HEAVEN
Jetzt weiß ich, dass es falsch war, Ihnen zu vertrauen
Jetzt weiß ich, und ich schreie es laut
Jetzt weiß ich, du bist der DEVIL, absorbieren MY SOUL
GET ME OUT GET ME OUT GET ME OUT
Auf der Überholspur
DEADLY FAST MADLY QUICK
Ich bin GERADE IN YOUR TANK FUEL
Burning Down, schwach, krank

RATTE IM MÜLL

ZWISCHEN 1000 GITTERSTÄBEN
LEBENSLÄNGLICH EINGEFANGEN
NUR ZWEI JAHRE GILT DAS LEBEN
ZÄRTLICH SOLLN WIR NACH DIR LANGEN

NUR ZWEI JAHRE GILT DAS LEBEN
ZÜCHTER HABEN ES BESCHLOSSEN
LÄNGER WIRD EIN HAUSTIERWESEN
NICHT IN VOLLEM ZUG GENOSSEN

ZART WIE ZUCKER, GRAD GEBOREN
KAMST DU ZU UNS. KINDERWILLE
WARST GELIEBT UND WARST VERGESSEN
EINES TAGES HERRSCHTE STILLE

KLEINES WESEN. VIELE STUNDEN
WARST DU UNSER SPIELGEFÄHRTE
HAST NIE FREIHEIT JE GENOSSEN
DASS ES DOCH DIE KINDER LEHRTE

WELCHES RECHT HAST DU ALS MENSCHLEIN
ANDRE WESEN EINZUSPERREN
SIE IN UNFREIHEIT ZU HALTEN
DASS ES DOCH DIE KINDER LEHRTE

STILL LIEGST DU TOD HINTER GITTERN
LAUT IST MEINER KINDER WEINEN
DASS ES DOCH DIE KINDER LEHRTE
LASS SIE AUS ERFAHRUNG GREINEN

KINDERSPATEN. WIESENERDE
WOLLEN WOHL EIN GRAB DIR SCHAFFEN
DASS DIR ENDLICH FREIHEIT WERDE

UNSER SPATEN IST ZERBROCHEN
HAB DIE KINDER HEIM GESANDT
UNSER TIER HAT SCHON GEROCHEN
HAB ES IN DEN MÜLL VERBANNT

SCHICK IHN FORT

WAS TUN, WENN ER SAGT: HATS MIT MIR WAS ZU TUN
WAS TUN, WENN ER SAGT: DAS GEHT MICH NICHTS AN
WAS TUN, WENN ER SAGT: LASS MICH DAMIT IN RUH
WENN ER NICHT VERSTEHT, WORUM ES GEHT

IST ES LIEBE NUN ENDLICH, LIEBE DIE HÄLT
IST ES LIEBE NUN ENDLICH, DIE BLEIBT
IST ES SCHWER FÜR IHN
DASS WIR VIER SIND MIT EUCH
ER WUSSTE DOCH IMMER
WIR SIND NICHT NUR ZU ZWEIT

KANN ES LIEBE SEIN, WENN ER NICHT ZU UNS HÄLT
IST ES LIEBE, WENN ER MEINT
DASS DIE KINDER NICHT DIE SEINEN SIND
DASS DER AUFWAND ZU GROSS FÜR IHN SCHEINT

KANN ES LIEBE SEIN, WENN ER SAGT IMMERFORT
DASS DIE KINDER ZU VIEL FÜR IHN SIND
ISTS ZU VIEL FÜR IHN
SCHICK IHN FORT, SCHICK IHN FORT
SCHLAG DIE HOFFNUNG IN DEN WIND

KANN NICHT SEIN DASS ER SAGT
ZU VIEL ZEIT SEI VERTAN
WEIL ER HELFEN MUSS HIER UND DORT
DASS ER NIMMT UND NICHT GIBT
UND NUR KOMMT WENN ER MAG
SCHICK IHN FORT SCHICK IHN FORT SCHICK IHN FORT

IST ES LIEBE NUN ENDLICH, LIEBE DIE HÄLT
IST ES LIEBE NUN ENDLICH, DIE BLEIBT
IST ES SCHWER FÜR IHN
DASS WIR VIER SIND MIT EUCH
ER WUSSTE DOCH IMMER
WIR SIND NICHT NUR ZU ZWEIT

DEM AZURBLAUEN LEICHTEN WIND VOM MEER

DU, JUNGE FRISCHE MEERESBRISE
VOLLER SINNENLABSAL AUS FERNEN LÄNDERN
NACKT MIT WEIT GEÖFFNETEN ARMEN
SEHN ICH DIR ENTGEGEN
WILL MICH VON DIR UMKOSEN LASSEN, KOSEN DICH
LAUSCHEN WILL ICH, SPÜREN- HAUT
GLAUBEN WILL ICH
WILL DICH FASSEN, DICH UMFASSEN, DEINE HÄNDE

KÜHL MIR DIE STIRN, DURCHWEHE MICH
SEI STÜRMISCH IN MIR, UM MICH
SAG MIR, WOHIN DU WEHST UND GEHST
DER DU UM ALLE MENSCHEN BIST UND ÜBERALL
TRAG MICH MIT DIR
DENN MIR WACHSEN FLÜGEL
WO DEINE KÜSSE, FREMD-VERTRAUT
MEERESGISCHT VON HOHER SEE
AUF MIR IN MIR SIND

IST DIES DER ORT
DES VERGESSENS
SO IST DIES
DER ORT DES SEINS

WENN ICH TU
WAS ICH TAT
HATT ICH MUT
WARS NICHT FAD
WAS ICH MEINE

HÖLLE 2

DU HAST MICH DURCH DIE HÖLLE GESCHICKT
FANDEST EIN GEHEIMES TOR
HAST MIT MIR IN DIE FLAMMEN GEBLICKT
BIS ICH FROR
GEH NÄHER, WIRD WARM, WAREN DEINE WORTE
VERTRAUEND TAT ICH, WIE MIR EMPFOHLEN
ALS DIE FLAMMEN MICH FASSTEN
VERSCHLUNGEN UMZÜNGELT
WOLLTEST DU MICH
NICHT WIEDER-HOLEN

DU HATTEST DAS TOR VON AUSSEN VERSCHLOSSEN
MIT FÄUSTEN, MIT SCHREIEN FLEHTE ICH
HAB AM RAUCH MICH BERAUSCHT
MICH AN TRÄNEN BESOFFEN
VERBRANNTE MICH

ES GAB KEIN ZURÜCK
NUR DEN WEG DURCH DIE HÖLLE
ICH WAR NICHT MEHR
DOCH **ES** SCHRIE VOR PEIN
UND DASS ES MICH GIBT
DASS ICH BIN UND NOCH LEBE
HOLTE MICH DURCH DIE STIMMEN EIN

SIE GINGEN MIT MIR ZUM ANDEREN UFER
LITTEN MICH DURCH SICH, DENN **ICH** WAR NICHT
ICH WAR EIN STIMMENLOSER RUFER
SIE GABEN MIR WIEDER EIN GESICHT

DAS GESICHT, DAS SIE KANNTEN
DAS GESICHT, DAS SIE WOLLTEN
DAS GESICHT, DAS SIE BRAUCHEN
DAS GESICHT, DAS SIE SIND
DAS **ICH** IN IHNEN
DAS GESICHT EINER FREUNDIN
SIE HOLTEN MICH WIEDER
VOM NICHTS ZUM **WIR SIND**

DA STANDEST DU WIEDER
ALS SEI NICHTS GESCHEHEN
DIE LIEBE, DAS LEBEN
DIE HOFFNUNG, DER MUT
UND DOCH MUSS ICH GEHEN
WILL TIEFER NICHT SEHEN
DIESES GING EBEN NOCH GUT

DU HAST MICH DURCH DIE HÖLLE GESCHICKT
FANDEST EIN GEHEIMES TOR
HAST MIT MIR IN DIE FLAMMEN GEBLICKT
BIS ICH FROR
GEH NÄHER, WIRD WARM, WAREN DEINE WORTE
VERTRAUEND TAT ICH, WIE MIR EMPFOHLEN
ALS DIE FLAMMEN MICH FASSTEN
VERSCHLUNGEN UMZÜNGELT
WARD ICH NEU GEBOREN

GEH DEINER WEGE

WEISST DU WIE DAS IST
WENN DU EINEN MENSCHEN LIEBST
UND DIR WÜNSCHST
DASS DU MANCHMAL ALLEIN MIT IHM BIST
WENN DIR WIEDERFÄHRT
DASS ES IHN WENIG SCHERT
UND IHM
ANDRE MENSCHEN STETS WICHTIGER SIND
DANN GEH DEINER WEGE
DAS HÄLTST DU NICHT AUS
LASS DEINE TRÄUME
DIE WÜNSCHE DEM WIND
LASS DEN MANN GEHN
NACH DEM SCHMERZ WIRST DU SEHN
DASS ANDRE DICH LIEBEN
UND DA FÜR DICH SIND

WIEVIEL NÄHE LASS ICH ZU
WIEVIE FERNE OFFEN
FÜR DICH
FÜR MICH
ICH SUCH DIE EWIGKEIT
IN JEDEM
AUGENBLICK

EINE HAARFEINE LINIE

KEIN STÜCK ERDE, DAS NICHT SCHREIT
VON MENSCHLICHEM ELEND, NOT UND LEID
KEIN HÄLMCHEN, KEIN BLATT DAS IM MORGENTAU NICHT
UNTER TRÄNEN ZU UNS SPRICHT

KEIN PLÄTZCHEN
WO NICHT DAS SCHLIMMSTE GESCHAH
KEIN KÖRNCHEN, DAS NICHT DIE GRAUSAMKEIT SAH
WERDEN, VERGEHEN IST ALLEM GEGEBEN
DER MENSCH JEDOCH NIMMT AUS EIGENNUTZ LEBEN

DU STEHST AUF BLUTGETRÄNKTER ERDE
GEHST AUF BLUTGETRÄNKTEM LAND
REINEN GEWISSENS, DEIN KIND AN DER HAND

EINE HAARFEINE LINIE TRENNT UNS NUR
VON UNSRER BARBARISCHEN NATUR

ZWISCHENWELT

ZWISCHEN DER WELT UND MIR
ÖFFNET SICH EINE TÜR
LÄDT MICH EIN

LÄDT MICH EIN **ICH** ZU SEIN

DER MÜHEN LOHN

NEUERDINGS WILL MICH MEIN BESTER
ÜBERHAUPT NICHT MEHR UMARMEN
KEINEN KUSS MEHR KANN ICH HABEN
LEUTE, ES IST ZUM ERBARMEN
JETZT BIN ICH ABGESCHRIEBEN
ER GEHT NIE ANS HANDY RAN
DABEI ISTS IN MEINEM LEBEN
DER WICHTIGSTE MANN
OJE OJE OJE
DAS TUT UNBESCHREIBLICH WEH
WAS KANN MAN DA NUR MACHEN
DASS ICH IHN KAUM NOCH SEH
NOCH VOR EINER WOCHE
HAT ER ALLES MIR ERZÄHLT
HAT MICH MANCHMAL MIT ZUVIEL
INFORMATION GEQUÄLT
IMMER MUSSTE ICH IHM HELFEN
NIX HAT ER HINGEKRIEGT
ICH HABS JA GERN GEMACHT
WEIL MIR SO VIEL AN IHM LIEGT
OJE OJE OJE
DAS TUT UNBESCHREIBLICH WEH
WAS KANN MAN DA NUR MACHEN
DASS ICH IHN KAUM NOCH SEH
JA NOCH VOR EINER WOCHE
HAT MEIN HANDY STETS GELÄUTET
GUT DASS WIR NE FLATRATE HAM
SONST WÄR DAS KONTO SCHWER GEBEUTELT
VOR EINER WOCHE NOCH
WUSST ICH GENAU WAS ER GRAD MACHT
DASS SICH DAS MAL ÄNDERT
HÄTT ICH NIEMALS NICHT GEDACHT
OJE OJE OJE
DAS TUT UNBESCHREIBLICH WEH
WAS KANN MAN DA NUR MACHEN
DASS ICH IHN KAUM NOCH SEH

SEIT EINER WOCHE GIBT ES DA
NE ANDERE FRAU
SIE IST WOHL JUNG UND HÜBSCH
BRAUNES HAAR DIE AUGEN BLAU
NUN BIN ICH ABGESCHRIEBEN
DASS ICH DAS ERLEBEN MUSS
NACH 14 JAHREN GIBTS NICHT MAL
NEN GUTE-NACHT-KUSS

OJE OJE OJE
DAS TUT UNBESCHREIBLICH WEH
WAS KANN MAN DA NUR MACHEN
DASS ICH IHN KAUM NOCH SEH

NEUERDINGS WILL MICH MEIN BESTER
ÜBERHAUPT NICHT MEHR UMARMEN
KEINEN KUSS MEHR KANN ICH HABEN
LEUTE, ES IST ZUM ERBARMEN
JETZT BIN ICH ABGESCHRIEBEN
ER GEHT NIE ANS HANDY RAN
DABEI ISTS IN MEINEM LEBEN
DER WICHTIGSTE MANN

JA NEUERDINGS WILL MICH MEIN BESTER
ÜBERHAUPT NICHT MEHR UMARMEN
KEINEN KUSS MEHR KANN ICH HABEN
LEUTE, ES IST ZUM ERBARMEN
JETZT BIN ICH ABGESCHRIE'M

HÄTT NIE GEDACHT DASS ES DAS GIBT
ICH MUSS WOHL DAMIT LEBEN
ER IST SCHRECKLICH SCHWER VERLIEBT
JA JETZT BIN ICH ABGESCHRIEBEN
DAS IST DER MÜHEN LOHN

DAS ERSTE MAL
VERLIEBT
HAT SICH
MEIN SOHN

143

INHALT

INHALT

145

INHALT

fairydust

HEISST DER GOLDENE SCHIMMER,
DER EINE FEE UMGIBT-
ER BEFÄHIGT ALLE WESEN,
ZEIT UND RAUM ZU ENTFLIEHEN.
LASST EUCH VON
GITARRENKLÄNGEN UND GESANG
BEZAUBERN!

LAUSCHT & TRÄUMT
BEI ALTEN MELODIEN
AUS SCHOTTLAND, IRLAND, ENGLAND,
DIE LÄNGST VERGANGENE
GESCHICHTEN ERZÄHLEN

SINGT & TANZT
BEI LAGERFEUERSONGS
AUS DER FLOWER-POWER-ZEIT

LACHT & STAUNT
ÜBER BEGEBENHEITEN,
DIE ZU DEN LIEDERN GEHÖREN
ODER MIR SELBST WIDERFAHREN SIND

AMÜSIERT EUCH
IM PUB, AUF OPEN AIRS, AUF EURER PRIVATEN
ODER EURER FIRMENFEIER

GENIESST
EIN MÄRCHENHAFT- INTENSIVES KONZERT!

1 FREIEN WUNSCHTERMIN
AUF WWW.FAIRYDUST.DE
(TOURPLAN) AUSWÄHLEN

2 WUNSCHTERMIN MIT
VERANSTALTUNGSORT
UND TELEFONNUMMER
SENDEN AN
FAIRY@FAIRYDUST.DE

**ICH SCHREIBE/ RUFE
UMGEHEND ZURÜCK!**

fairydust

die solo-folk-fee

UTE „FAIRY" LANGJAHR
WWW.FAIRYDUST.DE
FAIRY@FAIRYDUST.DE
0174 374 12 61

LAUSCHEN

ENGLISCH
WWW.MYSPACE.COM/FAIRYDUSTLIVEMUSIC

DEUTSCH
WWW.MYSPACE.COM/FAIRYDUSTLAUTE